세속화 예찬

Profanazioni
Copyright ⓒ 2005 Nottetempo, s.r.l.
All Rights Reserved

Korean translation copyright ⓒ 2010 Nanjang Publishing House
Korean translation rights are arranged with Nottetempo, s.r.l.,
via Zanardelli, 34-00186, Roma

이 책의 한국어판 저작권은 Nottetempo, s.r.l.과 독점계약한 도서출판 난장에
있습니다. 신저작권법에 의해 한국 내에서 보호를 받는 저작물이므로
출판사의 동의 없이 어떤 형태로든 전재·변경·복제하는 것을 금합니다.

세속화 예찬

정치미학을 위한 10개의 노트

조르조 아감벤 지음 | 김상운 옮김

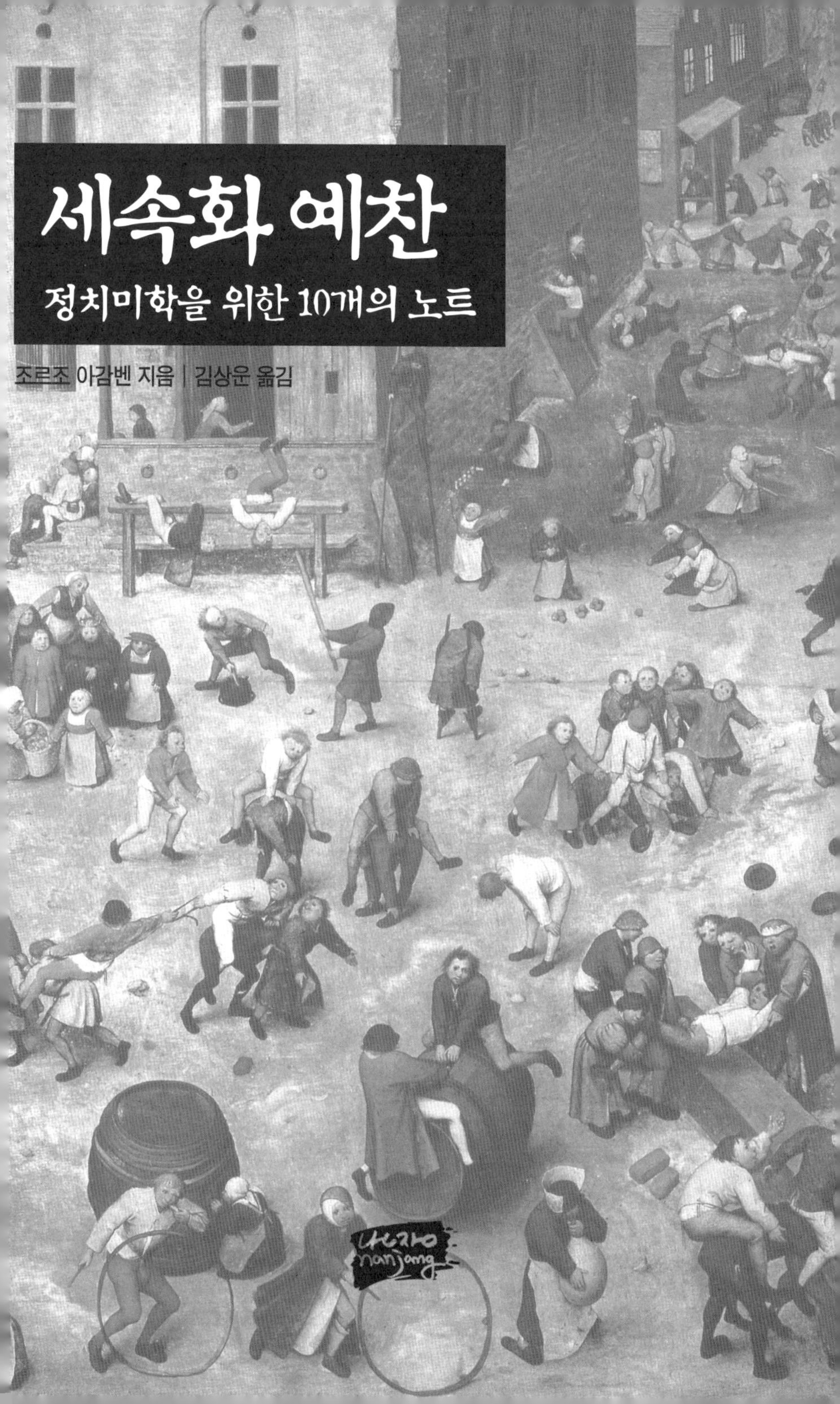

난장
nanjang

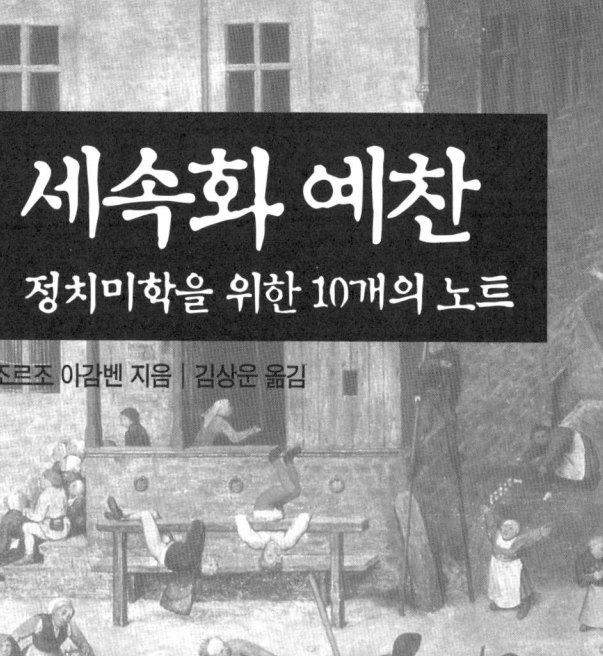

일러두기

1. 한국어판의 번역대본으로 사용한 이탈리아어판, 각주를 첨부하거나 교열하는 과정에서 참조한 프랑스어판·독일어판·영어판은 순서대로 아래와 같다. 지은이가 사용한 텍스트의 출처 등 세부 서지사항에 관해서는 책의 뒷부분에 붙여놓은 「옮긴이 상세 주석」을 참조하라.
   - *Profanazioni*, Roma: Nottetempo, 2005.
   - *Profanations*, trad. Martin Rueff, Paris: Payot & Rivages, 2005.
   - *Profanierungen*, übers. Marianne Schneider, Frankfurt/Main: Suhrkamp, 2005.
   - *Profanations*, trans. Jeff Fort, New York: Zone Books, 2007.

2. 지은이가 이탤릭체로 강조한 대목은 모두 고딕체로 표기했다.

3. 이 책의 모든 각주는 옮긴이가 읽는이들의 이해를 돕기 위해 덧붙인 것이다. 본문의 모호한 표현이나 내용을 이해하는 데 직접적으로 도움이 되는 각주는 본문 각주로, 서지사항이나 본문의 자세한 논의 배경·맥락과 관련된 각주는 후주(「옮긴이 상세 주석」)로 처리했다.

4. 지은이(혹은 옮긴이)가 외국 문헌에서 인용한 구절의 경우 해당 문헌의 한국어판이 있으면 그것의 번역을 따랐다. 단, 한국어판의 번역이 해당 구절의 원문과 뉘앙스에서 차이가 있다거나, 기타 번역상의 문제를 안고 있다고 판단된 경우에는 옮긴이가 부분적으로 수정했다.

5. 단행본·전집·정기간행물·팸플릿·영상물·음반물·공연물에는 겹낫표(『 』)를, 그리고 논문·논설·기고문·단편·미술 등에는 홑낫표(「 」)를 사용했다.

차 례

01. 게니우스 9

02. 마술과 행복 27

03. 심판의 날 33

04. 조수들 43

05. 패러디 55

06. 욕망하기 79

07. 스페키에스적 존재 81

08. 몸짓으로서의 저자 89

09. 세속화 예찬 107

10. 영화사에서 가장 아름다운 6분 137

옮긴이 상세 주석 141

간주곡 II/Intermezzo II
호모 프로파누스: 동일성 없는 공통성의 세계로 181

찾아보기 233

1 게니우스
Genius

이제 내 마력은 모두 사라져버렸습니다.
그리고 남은 힘은 제 자신의 그것뿐입니다.
프로스페로가 청중에게[1]

라틴어 게니우스는 어떤 사람이 태어난 순간 그의 수호자가 되는 신을 지칭하는 명칭이다. 이 말의 어원은 자명한데, ['게니우스'에 해당하는] 이탈리아어 '게니오'^{genio}와 '게네라레'[낳다]^{generare}의 근접성에서 이 점이 더 분명해진다. 무엇보다 라틴어에서 '게니알리스'^{genialis}한 대상은 침대('따뜻한 침대'$^{genialis\ lectus}$)였다는 점에서도, 게니우스[게니오]와 게네라레의 관련성은 꽤 명확하다. 왜냐하면 생식 행위는 침대에서 이뤄지기 때문이다. 태어난 날은 게니우스에게 봉헌되며, 그런 이유로 우리는 그날을 '게네트랴코'[생일]^{genetliaco}라고 부른다. 밉살스럽지만 이제는 불가피하게 된 앵글로색슨 식의 후렴구에도 불구하고,* 우리가 생일을 축하하기 위해 건네는 선물과 이때 벌이는 파티는 고대 로마의 가족이 가족구성원의 생일 때 게니우스에게 바친 축제와 희생제의의 기억이다. 호라티우스는 갓 제조한 포도주, 생후 2개월이 된 돼지고기, '제물로 바쳐진'(즉, 희생물용 소스를 뿌린) 양에 대해 말한다. 그러나 원래는 향신료, 포도주, 맛있는 꿀 케이크만 있었던 듯하다. 왜냐하면 탄생을 주관하는 신인 게니우스는 피에 젖은 희생물을 좋아하지 않았기 때문이다.

"그가 나의 게니우스로 불린 것은 그가 나를 낳았기 때문이다."2) 그러나 이것이 전부가 아니다. 게니우스는 단순히 성적 에너지를 인격화한 것이 아니다. 확실히 모든 남성은 자신의 게니우스를 갖고 있고 모든 여성은 자신의 유노**를 갖고 있는데, 이 둘은 생명을 낳고 끊이지 않게 하는 다산성多産性을 나타냈다. 하지만 인게니움^{ingenium}이라는 용어(즉, 태어난 누군가가 생득적으로 갖게 되는 신체적이고 도덕적인 성질의 총합)가 가리키듯이, 어떤 면에서 게니우스는 인격^{persona}의 신격화이며, 그의 실존 전체를 지배하고 표현하는 원리였다. 이 때문에 게니우스에게 바친 것은 치골이 아니라 이마이다. 그리고 이마에 손을 짚는 몸짓(당혹스러운 순간에, 우리가 우리 자신을 거의 잊어버린 것처럼 보일 때 거의 무신경하게 행하는 이 몸짓)

---

* 가령 "'당신'의 생일을 축하합니다"(Happy birthday to 'you') 같은 말.
** Juno. 로마신화에서 주피터의 아내이자 결혼과 여성의 여신. 그리스신화의 헤라에 해당한다.

은 게니우스 숭배의 의례적 몸짓("그러므로 우리는 신들을 숭배하면서 이마를 짚는다"[3])을 상기시킨다. 그리고 이 신은 어떤 의미에서는 가장 친밀하고 우리에게 고유한 것이기 때문에, 우리는 삶의 모든 측면과 모든 순간에 이 신을 회유해야 하고 그의 호의를 유지해야만 했다.

각자가 자신의 게니우스와 유지해야만 하는 은밀한 관계를 완벽히 표현하는 라틴어 구절이 있다. "게니우스를 따르기"indulgere Genio가 그것이다. 우리는 게니우스에게 동의해야만 하고, 우리 자신을 맡겨야만 하고, 게니우스가 무엇을 요구하든 양보해야만 한다. 게니우스의 요구사항과 행복이 우리의 요구사항이고 행복이기 때문이다. 설령 게니우스(우리!)의 요구가 합당하지 않고 변덕스러워 보이더라도 군소리 없이 받아들이는 편이 좋다. 만일 무엇인가를 쓰기 위해 당신(게니우스!)에게 노르스름한 종이와 특수한 펜이 필요하다면, 그리고 왼편에서 드리우는 희미한 빛이 꼭 있어야 한다면, 어떤 펜이든 상관없다고, 어떤 종이와 어떤 빛이든 괜찮다고 되뇌는 것은 쓸모없는 일이다. 하늘색 아마포 셔츠가 없다면 인생이란 아무런 살 가치도 없다는 생각이 들고(아무쪼록 사무소 직원이 입는 깃이 짧은 흰색 와이셔츠만은 아니길!), 특정한 검은 종이로 만 긴 담배가 없이는 아무것도 하고 싶어 하지 않는다고 해보자. 그렇다면 이것은 강박관념일 뿐이고, 이제 이것과 관계를 끊어야겠다고 자신에게 거듭 말해봤자 부질없는 짓이다.

라틴어 게니움 수움 데프라우다레$^{Genium\ suum\ defraudare}$는 "우리의 삶을 비참하게 만들다," "우리 자신을 속이다"라는 뜻이다. 그러나 죽음의 시선에서 떨어져 있고 자신을 낳은 게니우스의 충동에 주저 없이 응하는 삶은 '게니알리스'하다.

그러나 이 가장 내밀하고 인격적인 신은 우리 안에 있는 가장 비인격적인 것이기도 하다. 그것은 우리 안에서 우리를 넘어서고 초과하는 것의 화신이다. "게니우스가 우리에게서 기원한 것이 아니라 오히려 우리의 기원인 한, 게니우스는 우리의 삶이다." 만일 게니우스가 우리와 동일시되는 듯이 보인다면 그것은 자신이 우리 이상의 것임을 그 직후에 곧바로 드러내기 위해서일 뿐이며, 우리에게 우리는 우리 이상이자 이하라는 점을 보여주기 위해서일 뿐이다. 게니우스[라는 단어]에 내포된 인간의 개념을 이해한다는 것은 인간이 '자아'이자 개인적 의식일 뿐만 아니라 태어나서 죽을 때까지 비인격적·전개체적^{preindividuale} 요소가 늘 함께 한다는 것을 이해한다는 뜻이다. 그러므로 인간은 두 개의 국면으로 이뤄진 하나의 존재이다. 즉, 아직은 개체화되지 않아 활성화되지 않은 부분과 운명이나 개인적 경험을 흔적으로 간직한 또 다른 부분 사이의 복잡한 변증법이 낳은 결과가 바로 인간이라는 존재이다. 그러나 비인격적·비개체적 부분은 우리가 잊고 있다가 이따금 기억해낼 수 있는 과거가 아니다. 그것은 여전히 우리 속에 현존하며, 여전히 우리와 함께 있고, 우리 근처에 있으며, 좋든 나쁘든 우리에게서 떼어낼 수 없다. 게니우스의 젊은 얼굴과 잠시도 놔두지 못하고 푸드덕 거리는 긴 날개는 그가 시간을 알지 못한다는 것을 의미한다. 그리고 우리와 아주 가까운 곳에 있을 때 우리는 게니우스를 일종의 떨림으로서 느낀다는 것을 의미한다. 마치 어린아이였을 때 [언제 받았는지] 기억할 수 없는 선물처럼 게니우스의 숨결이 우리에게 닿고, 게니우스의 날개짓이 열에 들뜬 우리의 관자놀이를 두드린다고 우리가 느꼈듯이 말이다. 이 때문에 생일은 과거의 어느 날에 대한 기념일 수 없으며, 모든 참된 축일祝日이 그렇듯이 시간의 폐지여야 한다. 즉, 게니우스의 현현顯現이자 현전이어야 한다.* 게니우스의 이 멀리 할 수 없는^{indisvicinabile} 현전은 우리가 실체적인 동일성에 갇히는 것을 막으며, 우리 자신만으로 충분하다고 하는 자아의 자만을 산산이 깨뜨려버린다.

---

* "[E]pifania e presenza di Genius." 이 구절에서 아감벤이 사용하고 있는 '에피파냐'(epifania)라는 단어의 어원은 그리스어 '에피파네이아'(epiphaneia)이다. 에피파네이아는 '에피파이노'(epihainō), 즉 '[내가] 무엇인가에(epi-) 빛을 비추다(phainō)'라는 동사에서 파생된 명사이다. 이런 맥락에서 보통 에피파냐(영어의 에피퍼니)는 '현현'(顯現)이라고 옮겨지는데, 이때 우리 앞에 드러나는/나타나는 대상은 초자연적 대상/현상이다. 또한 이런 맥락의 연장선상에서 에피파냐는 우리 앞에 드러난/나타난 초자연적 대상/현상으로 인해 촉발된 '갑작스런 깨달음'을 뜻하기도 하는데, 이때의 깨달음이란 희미하게만 인지되던 무엇인가의 본질이나 의미를 완전히 이해할 수 있게 해주는 깨달음이다. 이렇게 보면 아감벤의 위 표현은 "게니우스라는 존재가 우리 곁에 늘 있다는 갑작스런 깨달음을 주고, 게니우스가 그 모습을 드러내는" 순간이 바로 생일이라는 뜻도 된다.

무엇보다 영성靈性이란 개체화된 존재가 완전하게 개체화된 것이 아니라 무엇인가 개체화되지 않은 현실의 짐을 그 안에 포함하고 있음에 대한 인식이라고들 했다. 우리는 그 짐을 보존할 뿐만 아니라 존중하고, 어떤 방식으로는 빚을 갚듯이 그것을 책임져야만 한다. 그러나 게니우스는 단순히 영성이 아니며, 우리가 좀 더 고차적이고 고결한 것으로 간주하는데 익숙해져 있던 사물에만 관련된 것도 아니다. 우리 안에 있는 모든 비인격적인 것이 게니우스적이다. 무엇보다 우리의 혈관에 피를 보내거나 우리를 잠에 빠지게 하는 힘, 우리 몸 안에서 온도를 따스하게 규제하고 배분하거나 근육조직을 이완 또는 수축시키는 미지의 역량이 게니우스적이다. 우리의 생리적 생명과 내밀한 관계를 맺고 있다고 우리가 어렴풋이나마 감지하는 것이 게니우스이다. 이 속에서는 우리의 가장 고유한 것이 가장 낯설고 비인격적이며, 가장 가까이에 있는 것이 가장 멀리 떨어져 있으며 [우리의] 통제에서 벗어난다. 우리가 우리 자신을 게니우스에게 내맡기지 않는다면, 우리가 오로지 자아와 의식일 뿐이라면, 우리는 심지어 오줌조차도 누지 못할 것이다. 이런 의미에서 게니우스와 함께 산다는 것은 비의식 non-conoscenza*의 지대와 항구적으로 관계를 맺으며, 낯선 존재

---

* 이탈리아어 '코노센차'(conoscenza)에는 '앎/지식'이라는 뜻도 있다. 따라서 이 표현은 '비-지식' 혹은 '알지 못함'이라고도 번역될 수 있다.

와 내밀한 관계를 맺으며 살아간다는 것을 뜻한다. 그러나 이 비의식의 지대는 억압이 아니다. 그것은 하나의 경험을 의식에서 무의식으로 이동시키거나 전위^{轉位}시키는 것이 아니다. 즉, 섬뜩한 과거로 침전되어 있다가 증상과 신경증으로 재부상하기를 기다리게 되는 그런 경험이 아니다. 비의식의 지대와 맺는 내밀한 관계는 일상적인 신비한 실천이다. 거기에서 자아는 [자신만이 알 수 있는] 특별하고 즐거운 심오함^{esoterismo}으로 자신의 해체를 기쁘게 웃으며 돕고, 믿을 수 없을지도 모르겠지만 음식물을 소화하는 것이든 정신을 계발하는 것이든 그것은 자신의 끊임없는 작아짐**을 증언한다. 게니우스는 우리에게 속해 있지 않는 한에 있어서 우리의 생명이다.

    그러므로 우리는 주체를, 게니우스와 자아가 정반대의 극에서 서로 긴장관계에 있는 장으로 간주해야만 한다. 결합되어 있으나 상반된 두 힘이 이 장을 가로지른다. 하나는 개체적인 것에서 비인격적인 것으로 나아가며, 다른 하나는 비인격적인 것에서 개체적인 것으로 나아간다. 두 힘은 공존하고 교차하며 분리되어 있으나, 어느 하나가 다른 하나로부터 완전히 자유로워질 수도 없고 서로가 완벽하게 동일화되지도 않

** 아감벤은 '베니르 메노'(venir meno)라는 표현을 쓰고 있다. 말 그대로 풀어보면 '더 적은/덜한'(meno) 것이 '되다'(venir)라는 뜻이다. 이 표현을 앞 문장("거기에서 자아는…… 자신의 해체를")과 연결시켜 다시 읽어보면, "자아가 하나의 개체로서의 자기 속성을 점점 덜 갖게 된다." 혹은 "자기 속성을 [스스로] 덜어낸다"는 뜻으로도 이해될 수 있다.

는다. 그렇다면 자아가 게니우스에 대해 증언할 수 있는 최선의 길은 무엇일까? 자아가 [무엇인가를] 쓰고 싶다고 가정해 보자. 이러저러한 작품을 쓰는 것이 아니라 그저 쓴다고, 그것이 전부라고 말이다. 이 욕망은 다음을 의미한다. 즉, 나(자아)는 어딘가에 게니우스가 존재함을, 내 안에는 글쓰기로 향하게끔 압박하는 비인격적 역량^{potenza}이 있음을 느낀다는 것. 그러나 결코 펜을 손에 든 적 없는(컴퓨터 앞에 앉은 적은 더욱더 없을 것인) 이 게니우스에게는 작품이 필요 없다. 우리는 비인격적이 되기 위해, 게니우스적이 되기 위해 [무엇인가를] 쓰지만, 그런데도 불구하고 우리는 글을 쓰면서 우리 자신을 이러저러한 작품의 저자로 개인화[개체화]한다. 그리하여 우리는 게니우스와 멀어진다. 게니우스는 결코 자아라는 형식을 띨 수 없으며, 하물며 저자라는 형식을 띨 수도 없다. 게니우스를 전유하려는 시도, 게니우스로 하여금 게니우스 자신의 이름으로 서명하게끔 강제하려는 자아 혹은 인격적 요소의 시도는 모두 필연적으로 실패할 수밖에 없다. 그렇기에 여기에는 아방가르드 예술가들의 작업처럼* 작품을 해체하고 파괴함으로써 게니우스의 현전을 증거하는 아이러니한 작업이 적절하며, 또한

---

* 원래 이 글 「게니우스」는 이 책에 수록되기 이전인 2004년 단행본으로 먼저 출간된 적이 있다. 거기에서는 본문의 위 구절이 "[마르셀] 뒤샹의 작업처럼"(come quella di Duchamp)으로 되어 있다. Giorgio Agamben, *Genius*, Roma: Nottetempo, 2004, p.10.

성공을 거두게 된다. 그러나 설령 철회되고 폐기처분된 작품만이 게니우스에 걸맞은 유일한 작품일지라도, 진정 게니우스적인 예술가란 작품이 없는 예술가일지라도 뒤샹-자아는 결코 게니우스와 합치될 수 없다. 그저 자신의 작품[작업]-없음/무위^{inoperosità}를 알리는 악명 높은 사자使者처럼, 자기 자신의 비실존을 드러내는 우울한 증거로서 만인의 감탄을 받으며 이 세계를 활보할 수 있을 뿐이다.

이 때문에 게니우스와의 마주침은 두렵다. 인격적인 것과 비인격적인 것, 자아와 게니우스 사이의 긴장을 유지하는 삶은 시적詩的이라지만, 게니우스가 모든 면에서 우리를 초과하고 넘어설 때 생겨나는 느낌은 공황상태이다. 우리 자신이 견딜 수 있다고 믿는 것보다 무한히 거대한 그 무엇인가가 우리를 엄습해올 때의 공황상태. 이 때문에 대개의 인간들은 비인격적인 자신의 일부 앞에서 공포로 뒷걸음질 치거나, 위선자처럼 그것에 사소한 위상만을 부여하려고 한다. 그래서 이렇게 거부된 비인격적인 것은 그보다 훨씬 더 비인격적인 증상과 경련의 형태로, 혹은 훨씬 더 지나치게 경멸의 표정을 띠며 재출현할 수 있다. 그러나 이것보다 더 웃기고 어이없는 것은 게니우스와의 마주침을 일종의 특권으로 느끼는 자, 즉 어떤 자세를 취하며 젠체하거나, 더 나쁘게는 겸손을 꾸며내며 자신이 받은 은혜에 감사해하는 시인이다. 게니우스 앞에서 위대한 인간이란 없다. 우리 모두는 똑같이 왜소하다. 그러나 게니우스로 인해 벌벌 떨면서 산산이 부서질 때까지도 이를 알지 못한 채 넋이 나간 자도 있다. 그밖에도 보다 진지하지만 그다지 행복하지 않은 자들이 있는데 이들은 비인격적인 것을 비인격화하길 거부하고, 자신에게 속하지 않은 어떤 목소리에 자신의 입술을 빌려주길 거부한다.

모든 존재의 서열은 게니우스와의 관계맺음이라는 윤리에 의해 규정된다. 최하위 서열은 마치 자기 소유의 마법사라도 되는 양 자신의 게니우스에 기대는 자들(그리고 이들은 이따금 아주 유명한 저자들이다)로 이뤄져 있다("만사형통이기를!" "당신이 나의 게니우스라면 부디 나를 저버리지 마소서……"). "신의 부재가 돕는다"는 것을 잘 알고 있기 때문에 이처럼 더러운 공모관계 없이도 잘 해나가는 시인의 몸짓은 얼마나 더 온화하고 절도 있는가!4)

어린아이들이 숨는 것에 특별한 쾌락을 느끼는 까닭은 결국 자신들이 발견될 것이기 때문이 아니다. 그보다는 숨는다는 행위 자체, 세탁 바구니나 수납장에 숨는다는 행위 자체, 다락방 구석에 거의 보이지 않을 정도로 웅크리는 행위 자체 때문이다. 거기에는 그 무엇에도 비교될 수 없을 정도로 즐겁고 특별한 짜릿함이 있기에 어린아이들은 그 어떤 이유로든 [이 놀이를] 스스로 그만두고 싶어 하지 않는다. 이처럼 어린아이 같은 짜릿함이 자신의 판독불가능성(깨알 같은 글씨^{microgrammi})의 조건을 단단히 보호할 때 로베르트 발저가 느꼈던 관능적 쾌락,5) 그리고 발터 벤야민의 인정받고 싶지 않다는 완고한 욕망의 원천이다. 이들[발저와 벤야민 같은 작가들]은 자기가 숨은 곳이 어느 날 어린아이들에게 노출되어버린 고독한 **영광**의 수호자이다. 왜냐하면 불안해하면서도 자기 은신처의 수호신$^{genius\ loci}$을 드러낸 어린아이들처럼, 시인들은 비인정$^{non\text{-}riconoscimento}$ 속에서 자신의 승리를 축하하기 때문이다.6)

질베르 시몽동에 따르면 우리는 감동^{emozione}을 통해 전개체적인 것과 관계한다. 감동한다는 것은 우리 안에 있는 비인격적인 것을 느낀다는 것, 게니우스를 불안이나 기쁨, 안심이나 동요로 경험한다는 것이다.7)

비의식이라는 지대의 문턱에서 자아는 자신의 특성을 내려놓고 감동해야 한다. 정념^{passione}은 우리와 게니우스 사이에 뻗어 있는 줄타기용 줄로, 우리의 곡예하는 삶은 그 위를 걷고 있다. 심지어 외부세계에 대해 우리가 놀라기 전에 우리를 경탄하고 놀라게 만드는 것은 영원히 미성숙하고 무한히 청춘인 어떤 부분, 개체화의 문턱에서마다 머뭇거리는 어떤 부분이 우리 내부에 현전한다는 사실이다. 그리고 바로 이처럼 요리조리 빠져나가는 어린아이[순수함]야말로 끈질기게 우리를 타자에게 향하도록 만드는데, 우리 자신에게는 이해할 수 없는 것으로 남아 있는 바로 그런 감정을 우리는 타자 속에서 찾는다. 마치 어떤 기적처럼 타자라는 거울을 통해 우리 자신이 명확하게 비춰지고 해명되기를 바라면서 말이다. 타자의 쾌락과 정념을 목격하는 것이 최고의 감동이자 제일의 정치라면, 그것은 우리가 우리 자신만으로는 도달할 수 없는 게니우스와의 관계, 즉 우리의 비밀스런 환희와 자랑스럽고 고결한 고뇌를 타자 속에서 찾기 때문이다.

시간이 흐름에 따라 게니우스는 둘로 나뉘고 윤리적 색채를 띠게 된다. 모든 사람 안에는 두 개의 영$^{daimon/靈}$이 존재한다는 그리스적 주제에 영향받은 듯한 사료들은 좋은 게니우스와 나쁜 게니우스, 하얀^{albus} 게니우스와 검은^{ater} 게니우스에 관해 말한다. 전자는 우리를 선으로 향하게끔 밀고 구슬리지만, 후자는 우리를 타락시키며 악으로 향하게끔 한다. 실제로는 하나의 게니우스가 있고 이것이 바뀌는 것뿐이라고 했을 때, 즉 때로는 순백하고 때로는 어두우며, 때로는 현명하고 때로는 타락한다고 주장했을 때 확실히 호라티우스는 옳았다. 잘 살펴보면 바뀌는 것은 게니우스가 아니라 우리가 게니우스와 맺는 관계, 즉 밝고 명료한 관계에서 그늘지고 불명료하게 바뀌는 관계이다. 우리의 생명원리, 우리의 실존을 정향하고 우리의 실존을 즐겁게 만들어주던 동반자가 갑작스레 침묵 속에 모습을 감춘 무뢰한으로 바뀌어 마치 그림자처럼 우리의 모든 움직임을 따라다니며 은밀히 우리를 해코지하려 드는 것이다. 그래서 로마의 미술은 두 개의 게니우스를 나란히 재현한다. 불타는 횃불을 들고 있는 게니우스, 그리고 그 횃불을 꺼뜨리려는 죽음의 사자^{使者}인 또 다른 게니우스로 말이다.

게니우스는 흔히 날개를 지닌 어린아이의 모습으로 그려진다. 그러나 사람뿐만 아니라 장소·사물 등에도 붙어 존재하기에 게니우스의 형상은 그 종류만큼이나 다양하다. 비록 고대 전통에 속하는 피조물이기는 하지만 게니우스는 근대에도 자주 재현의 대상이 되곤 했다. 위 그림은 프랑스의 화가 엘리자베스-루이 비제 르-브룅(1755~1842)이 러시아 로마노프 왕조의 군주 알렉산드르 파블로비치 로마노프를 그린 「알렉산드르 1세의 게니우스에 대한 알레고리」(1814)이다.

게니우스의 역설이 뚜렷하게 출현하는 곳은 바로 이처럼 시대에 뒤진 도덕화에서이다. 즉, 만일 게니우스가 **우리의** 생명이라면, 그것이 우리에게 속해 있지 **않는** 한에서 그렇다면, 우리는 우리 책임이 아닌 것에 대답해야만 한다. 우리 자신의 구원과 파멸이 지닌 어린아이 같은 얼굴은 우리 자신의 얼굴인 동시에 우리 자신의 얼굴이 아니다.

그리스도교의 사유에서 게니우스에 해당하는 것은 수호천사이다. 아니, 더 정확하게는 두 명의 천사이다. 하나는 선하고 신성하며 우리를 구원으로 이끈다. 다른 하나는 사악하고 도착적이며 우리를 저주에 빠뜨린다. 하지만 수호천사에 대해 가장 명쾌한 미증유의 정식화를 부여한 것은 페르시아의 천사론 angelologia이다. 이 교설에 따르면 다에나^{Daena}라고 불리는 어떤 천사는 아주 아름다운 소녀의 형상을 하고 있으며 모든 사람의 탄생을 주관한다. 다에나는 각 개인이 그것을 닮게 창조된 천상계의 원형일 뿐만 아니라, 우리가 살아가는 매 순간 동행해 우리를 엿보는 말 없는 증인이기도 하다. 그러나 천사의 얼굴은 시간이 지남에 따라 바뀐다. 도리언 그레이의 초상화[8])처럼 우리의 모든 몸짓, 말, 사유는 지각할 수 없을 정도로 변형된다. 그리하여 죽음의 순간에 영혼은 자신의 천사와 만나게 되는데, 그 천사는 영혼의 생을 어떻게 꾸려나갔느냐에 따라 더 아름다운 피조물로 변모되거나 끔찍한 악마로 변모된다. 그러면서 그것은 이렇게 속삭인다. "내가 당신의 다에나, 당신의 생각, 말, 행동이 형성한 다에나예요." 현기증이 날 만큼 엎치락뒤치락하는 가운데 우리의 삶은 원형(이 원형의 이미지를 창조한 것은 우리 자신이다)을 주조하고 개괄한다.

우리 모두는 어느 정도까지는 게니우스, 즉 우리 안에 있으나 우리에게 속하지 않는 것과 타협한다. 각자의 성격은 그 사람이 게니우스를 멀리하고, 그로부터 도망치려는 방식에 달려 있다. [우리가 게니우스를] 피하게 되고 [게니우스가] 표현되지 않은 채로 남아 있는 한, 게니우스는 자아의 얼굴에 우거지상을 새겨 넣는다. 그렇지만 어떤 저자의 문체는 (모든 피조물이 보여주는 기질[품위]과 마찬가지로) 자신의 재능^{genie}보다는 오히려 재능을 결여하고 있는 그의 일부에, 즉 그의 성격에 달려 있다. 이 때문에 우리가 누군가를 사랑할 때 우리가 실제로 사랑하는 것은 그 사람의 재능도, 성격도 (심지어 자아도) 아니며, 오히려 이 모두로부터 도망치는 그 사람의 특별한 비법, 재능과 성격 사이를 재빨리 오가는 방법이다(예를 들어 나폴리에서 아이스크림을 남몰래 걸신들린 듯이 먹은 어떤 시인의 어린아이 같은 기질, 말하면서 방 안을 어슬렁거리다가 갑자기 멈춰 서서 천장의 한쪽 귀퉁이를 뚫어져라 쳐다보는 어떤 철학자의 서투름 등[9]).

그렇지만 누구에게나 자신의 게니우스와 분리되어야만 할 때가 찾아온다. 그때는 어느 날 밤 예기치 않게 찾아올 수도 있다. 그 밤에, 일군의 사람들이 지나가는 소리를 들으면서, 이

1873년 영국의 삽화가 C. W. 샤프(1818~1899)가 당시 새롭게 인쇄된 『폭풍우』의 본문에 들어갈 용도로 그린 에어리엘의 모습. 장난기 가득한 표정이 인상적이다.

유는 알 수 없으나 자신의 신이 자신을 버렸다고 느낄 수도 있는 것이다. 아니, 어쩌면 우리의 정신이 아주 멀쩡한 순간에, 우리가 구원은 있으나 구원되기를 더 이상 원하지 않는다는 것을 아는 극단적인 순간에, 우리는 게니우스를 떠나보낸다. 자유로이 돌아가라, 에어리엘!10) 『폭풍우』에서 프로스페로가 이렇게 말했을 때는 자신의 마법을 단념하고 이제 자신이 가진 힘이라곤 자기 자신의 힘뿐이라는 것을 깨달았을 때이다. 그것은 늙은 예술가가 자신의 펜을 내려놓고 관조하는 최후이자 마지막 단계이다. 늙은 예술가는 무엇을 관조하는가? 몸짓이다. 즉, 완전히 모든 마법을 잃어서 처음으로 우리 자신만의 것이 된 몸짓. 분명히 에어리엘이 없는 삶은 그 신비를 잃지만, 우리는 이제 그것이 우리에게 속할 수 있음을 진정으로 알게 된다. 이제야 비로소 우리는 순전하게 인간적이고 현세적인 삶을 살기 시작한다. 삶은 약속을 지키지 않았으나, 바로 그 때문에 삶은 이제 우리에게 무한히 더 많은 것을 줄 수 있다. 이런 '지금'[현재]은 고갈되고 중지된 시간이며, 우리가 게니우스에 관해 잊기 시작한 갑작스런 어슴푸레함^{penumbra}이다. 즉, 이것은 충족된 밤[11])이다. 에어리엘은 존재했을까? 산산이 흩어져 멀리 사라져가는 이 음악은 무엇일까? 오로지 떠나감만이 진실하며, 이제야 자아는 자신이라고 알고 있던 것의 기나긴 망각[12])을 시작한다. 느릿느릿 한가하게 노니는 어린아이가 자신의 발그레한 낯빛을 하나하나, 자신의 망설임을 하나하나 급작스럽게 되찾으러 돌아오기 전에.

2 마술과 행복
Magia e felicità

언젠가 발터 벤야민은 이렇게 말했다. 세계에 대해 어린아이가 처음 경험하는 것은 "어른들이 좀 더 강하다"는 깨달음이 아니라 "오히려 어른들이 마술을 부릴 수 없다"는 깨달음이라고.[1] 환각제를 20밀리그램 복용한 효과가 나타난 상태에서 한 말이기는 하지만, 그렇다고 타당성이 떨어지는 것은 아니다. 사실, 때때로 어린아이들은 자신들에게 마술을 부릴 능력이 없음을 깨닫자마자 슬픔에 압도되어 이겨내질 못하는 듯하다. 우리가 우리의 장점과 노력으로 얻을 수 있는 것들이라면 그게 무엇이든 우리를 진정 행복하게 해줄 수는 없다. 오로지 마술만이 그렇게 해줄 수 있다. 어린아이 같은 천재genius 볼프강 아마데우스 모차르트는 이 점을 간파했다. 요제프 불링거에게 보낸 편지에서 모차르트는 마술과 행복의 비밀스런 연대를 명확하게 지적한 바 있다. "잘 산다는 것과 행복하게 산다는 것은 정말 별개의 일입니다. 저는 마술 없이는 행복하게 살 수 없을 것 같아요. 행복하게 살려면 진정 초자연적인 일이 일어나야만 할 텐데."[2)]

우화 속의 피조물들처럼 어린아이들은 행복해지려면 한편으로는 정령[게니우스]^{genio}을 병 속에 가둬놓아야만 하며, [다른 한편으로는] 자기네 집에서 황금동전을 싸는 당나귀나 황금알을 낳는 닭을 길러야만 한다는 것을 완벽히 알고 있다. 그리고 어떤 상황에서든, 정직한 수단을 써서 목표에 도달하려고 분투하기보다는 정확한 장소를 아는 것과 말할 수 있는 올바른 말들을 아는 것이 훨씬 더 중요하다. 마술이란 바로 행복할 만한 자격이 있는 사람이라고는 아무도 없다는 것, 따라서 고대인들이 잘 알고 있었듯이 인간에게 어울리는 행복은 늘 휘브리스,[3)] 즉 언제나 오만함^{tracotanza}과 과도함^{ecesso}[의 결과]이라는 것을 뜻한다. 그러나 만일 누군가 속임수를 써서 운에 영향을 미치는 데 성공한다면, 만일 행복은 그 사람이 누구인가에 달려 있는 것이 아니라 마법의 호두나무나 "열려라 참깨!"에 달려 있다고 한다면, 그때에는, 그리고 바로 그때에만 우리는 진정으로 우리 자신이 행복하다고 간주할 수 있다.

이 어린아이 같은 지혜, 즉 행복은 마땅히 그렇게 되어야만 하는 어떤 것이 아니라고 주장하는 이 지혜는 늘 공공연하게

도덕의 반론에 부딪쳐왔다. 존엄하게 사는 것과 행복하게 사는 것의 차이를 제대로 이해하지 못한 철학자 임마누엘 칸트의 말을 빌려보자. "[당신이] 행복을 얻으려 분투하게 만드는 것은 당신 안의 경향성이다. 그리고 당신의 행복할-만한-자격[품격]-있음이라는 조건을 넘어서 가지 못하도록 이 경향성을 한정하는 것은 무엇보다 당신의 이성이다."[4] 그렇지만 우리(또는 우리 안의 어린아이)는 우리가 누릴 만한 가치가 있는 행복을 가지고 무엇을 할 수 있는지 알지 못한다. 당신에게 그럴 만한 가치가 있기 때문에 어떤 여자가 당신을 사랑한다면 얼마나 재앙일까! 그리고 일을 잘 했다는 보상이나 대가로 행복을 받는다면 얼마나 권태로운 일일까!

마술과 행복을 한데 묶는 것이 순전히 부도덕한 것은 아니라는 사실, 그것은 실제로 보다 고차적인 윤리에 의해 증명될 수 있다는 사실은 고대의 격언에서도 볼 수 있다. 자신이 행복함을 알고 있는 자는 이미 행복한 것이 아니라는 격언 말이다. 이것은 행복이 그 주체와 역설적으로 관계하고 있음을 뜻한다. 행복한 자는 자신이 행복하다는 것을 알 수 없다. 요컨대 행복의 주체는 주체가 아니며, 의식의 형태를 갖지 않는다. 설령 그것이 좋은 의식이라고 하더라도 그렇다. 여기에서 마술은 자신이 예외임을 내세운다. 즉, 오직 마술만이 우리가 행복하다고 말하게 하고, 우리가 행복함을 알 수 있게 해준다. 주문^{incanto}을 써서 무엇인가를 즐기는 자는 행복이라는 의식에 내포된 휘브리스에서 도망치는 셈이다. 왜냐하면 어떤 의미에서 자신이 소유하고 있음을 아는 행복은 자신의 것이 아니기 때문이다. 그러므로 암피트리온의 모습으로 둔갑해 아름다운 알크메네와 동침했더라도 제우스는 그 자신으로서 그녀를 즐긴 것이 아니며, 또 겉모습에도 불구하고 암피트리온으로서 즐긴 것도 아니다.[5] 제우스는 전적으로 주문을 즐긴 것으로서, 우리는 마술이라는 술책을 통해 얻게 된 것만을 의식적으로 순수하게 즐길 수 있다. 마법에 걸린 자만이 "나"라고 미소지으며 말할 수 있고, 진정으로 우리가 누릴 수 있는 행복은 우리가 누릴 수 있으리라고는 결코 꿈도 꾸지 못한 행복뿐이다.

이 지상에서는 행복을 얻을 수 있는 길이 오직 하나밖에 없다는 율법의 궁극적 근거가 바로 이것이다. [그 유일한 길이란] 신적인 것을 믿는 것, [그러나] 그것에 도달하려고 갈망하지는 않는 것이다(프란츠 카프카가 세상에는 무수히 많은 희망이 있으나 우리를 위한 희망은 아니라고 구스타프 야누흐에게 말했을 때 이들의 대화에는 이런 율법의 아이러니한 변종이 존재한다).[6] 겉보기에 금욕적인 이 테제는 이 **"우리를 위한 것[희망]은 아니다"**라는 말의 뜻을 이해할 때만 파악될 수 있다. 이 말은 행복이 오로지 타인을 위해서만 준비되어 있다는 뜻이 아니다(행복은 바로 우리를 위해 준비되어 있다). 오히려 이 말은 행복이란 행복이 우리의 운명으로 주어지지 않은 곳, 우리를 위한 행복이 아닌 곳에서만 우리에게 속한다는 뜻이다. 다시 말해서 행복은 마술을 통해서만 우리의 것일 수 있다. 바로 그곳에서, 우리가 운명과 행복을 떼어낼 때, 행복은 우리가 마술을 부릴 수 있음을 우리 자신이 안다는 것과 완전히 일치하게 된다. 우리가 어린 시절의 슬픔[마술을 부릴 능력이 없다는 깨달음]을 영원히 내쫓아버리기 위해 행하는 바로 그 몸짓과 말이다.

만일 그렇다면, 만일 마술을 부릴 수 있다는 느낌보다 더 행복한 것이 없다면, 비로소 마술에 관한 카프카의 수수께끼 같은 정의도 명확해진다. 카프카는 그 이름을 정확하게 불러야 삶이 우리에게 다가온다고 쓴 바 있다. 왜냐하면 "그것이 마술의 본질이기 때문이다. 창조하는 것이 아니라 호출하는 것"(1921년 10월 18일자 일기).[7] 이 정의는 카발라주의자들과 강령술사들이 성실하게 따른 고대의 전통과 일치하는데, 이에 따르면 마술은 본질적으로 비밀스런 이름에 관한 앎이다. 각 사물, 각 존재에게는 겉으로 드러난 이름 말고도, 부름에 응하지 않을 수 없는 감춰진 이름이 있다. 마술사가 된다는 것은 바로 이런 근원적-이름$^{arci\text{-}nome}$을 알고 불러낼 줄 알게 된다는 것이다. 따라서 강령술사들은 (악마나 천사의) 이름에 관한 끊이지 않는 목록을 통해 영적인 힘을 확실히 지배하려고 한다. 마술사에게 이 비밀스런 이름은 그 이름을 지닌 피조물을 살리고 죽이는 힘이 자신에게 있다는 징표일 뿐이다.

하지만 또 다른 더 계몽적인 전통에 따르면, 비밀스런 이름은 마술사의 말에 사물이 복종한다는 사실을 가리키는 암호라기보다는 오히려 그 사물이 언어활동으로부터 해방됨을 가리키는 모노그램*이다. 비밀스런 이름은 피조물이 에덴동산에서 불렸을 때의 이름이었다. 일단 그 이름이 발음되면 겉으로 드러난 모든 이름(이름들의 바벨탑 전체)은 산산조각난다. 이 교설에 따르면, 바로 이런 이유 때문에 마술은 행복에의 외침이다. 비밀스런 이름은 피조물을 아직 표현되지 않은 것[존재]으로 되돌려주는 몸짓이다. 최종심급에서 마술은 이름에 관한 앎이 아니라 일종의 몸짓, 이름과의 단절이다.8) 어린아이가 자신만의 비밀 언어를 발명해냈을 때 그 어느 때보다 더 만족해하는 이유가 바로 여기에 있다. 어린아이의 슬픔은 마술의 이름을 모른다는 것보다는 자신에게 부과된 이름에서 자유로워질 수 없다는 것에서 온다. 이로부터 자유롭게 되는 데 성공하자마자, 새로운 이름을 발명하자마자, 어린아이는 자신에게 행복을 선사할 통행허가증을 손에 넣게 된다. 이름을 갖는다는 것은 죄이다. 그리고 마술이 그렇듯이 정의正義에도 이름이 없다. 행복하게, 그리고 이름 없이 행복하게 피조물은 몸짓으로만 말하는 마술나라의 문을 두드린다.

---

* monogramma. 두 개나 그 이상의 문자를 결합해 하나의 상징처럼 만든 것. 가령 고대 그리스도교도들이 사용한 ✻라는 모노그램은 그리스어 '예수'(iesus)와 '그리스도'(xristos)의 머리글자를 합친 상징이다.

3 심판의 날
Il Giorno del Giudizio

내가 좋아하는 사진의 어떤 성질이 나를 매혹시키고 넋을 잃게 만들까? 나는 이렇게 생각한다. 내게 사진은 어떤 방식으로든 최후의 심판을 포착하기 때문이라고. 사진은 최후의 날, 즉 분노의 날에 볼 수 있는 것 같은 세계를 재현해주기 때문이라고 말이다. 물론 이것은 피사체의 문제가 아니다. 어떤 것을 엄숙하고 진지하게, 심지어 비극적으로 재현하는 사진을 내가 좋아한다고 말하려는 것이 아니다. 사진은 어떤 얼굴, 어떤 대상, 혹은 어떤 사건이든 보여줄 수 있다. 마리오 돈데로[1])와 로버트 카파 같은 사진작가들이 바로 그런 사례이다. 이 활동적인 저널리스트들은 이른바 사진을 통한 만보/산보 flânerie(혹은 '표류'[2]))라고 불릴 수 있는 일을 실천했다. 정처 없이 걸으면

탕플 대로(Boulevard du Temple)는 레퓌블리크 광장에서부터 파들루 광장에 이르는 405m 가량의 대로로서 파리 3구와 11구를 구분해준다. 루이 16세 시절부터 7월 군주정 시기까지 유행의 중심지 역할을 했고 수많은 카페와 극장(주로 선정적인 범죄물이 상연됐다)이 있다. 다게르의 은판사진에 담긴 거리는 이 대로에 있던 '르 마레'(Le Marais) 구역이다.

서 일어나는 모든 것을 사진으로 찍는 일 말이다. 그러나 [이들이 사진으로 담은] "일어나는 모든 것"(스코틀랜드에서 자전거를 타고 있는 여성 두 명의 얼굴, 파리의 가게 유리)은 심판의 날에 출두하도록 소환되고, 불러내어진다.

    사진의 역사가 시작된 이래 진실로 늘 그래왔다는 것을 지극히 명료하게 보여주는 사례가 하나 있다. 은판사진으로 찍힌 탕플 대로大路는 아주 유명하다. 이 사진은 인간의 형상이 등장한 최초의 사진으로 여겨진다. 은판은 오후 1시 정각3)에

루이-자크 망드 다게르가 자기 스튜디오 창문에서 찍은 탕플 대로를 재현한다. 대로는 사람들과 마차로 가득 차 있었겠지만 극히 오랜 노출 시간이 필요했던 당시의 사진기 탓에 움직이는 군중은 전혀 보이지 않는다. 즉, 사진의 왼쪽 아래 구석의 보도블록 위에 있는 작고 검은 윤곽을 제외하면 아무것도 보이지 않는다. 부츠를 닦으려고 멈춰 선 어떤 남자가 한쪽 다리를 들어 올려 구두닦이의 발판에 놓은 채 꽤 오랫동안 서 있었던 것임이 틀림없다.

나는 최후의 심판에 [이 사진보다] 더 적합한 이미지를 결코 상상조차 할 수 없다. 사람들(오히려 인류 전체)의 군집은 현존하되 보일 수는 없다. 왜냐하면 심판은 그저 하나의 인물, 하나의 삶에만 관련되기 때문이다. 즉, 바로 이 사람과 이 삶에 관련된 것이지 그 이외의 사람과 삶에 관련된 것이 아니다. 그렇다면 이 삶과 이 사람은 어떻게 최후의 심판의 천사에게 선택되고 포획되어 불멸의 존재로 남게 되는 것일까? 그리고 이 사진의[에서] 천사는 누구일까? 가장 진부하고 평범한 몸짓, 그러니까 자신의 구두를 닦아 달라고 하는 몸짓을 보일 때 그렇게 된다. 최고의 순간에, 사람들에게는, 각자에게는 자신의 가장 소소하고 가장 일상적인 몸짓이 영원히 주어진다. 그렇지만 사진기 렌즈 덕분에 그 몸짓은 이제 삶 전체의 무게를 지게 된다. 저 대수롭지 않고 무의미하기까지 한 자세에 존재의 의미 전체가 모이고 응축되는 것이다.

나는 몸짓과 사진 사이에 은밀한 관계가 있다고 생각한다. 모든 등급의 천사적 역량을 불러내고 압축해 보여주는 몸짓의 힘은 사진기 렌즈 속에서 구성되며, 사진 속에서 그 장소와 결정적 순간을 갖는다. 언젠가 발터 벤야민은 이렇게 말한 바 있다. 쥘리앵 그린4)이 재현하는 등장인물들은 운명을 짊어진 몸짓을 행한다고, 그린은 등장인물들을 저 돌아올 수 없는 저승길에 못박아둔다고 말이다.5) 나는 여기서 문제가 되는 지옥이 이교도의 지옥이지 그리스도교의 지옥은 아니라고 생각한다. 황천에서 죽은 자의 그림자는 똑같은 몸짓을 무한히 반복한다. 예를 들어 익시온*은 수레와 함께 돌고, 다나이데스**는 구멍 뚫린 항아리에 물을 채우려고 부질없이 애쓴다. 하지만 이것은 처벌이 아니다. 이교도의 유령은 저주받은 자들과 동등하지 않다. 여기서 영원반복은 아포카타스타시스, [혹은] 존재의 무한한 총괄갱신ricapitolazione을 알리는 암호이다.6)

---

* Ixion. 그리스신화에 나오는 라피타이의 왕. 데이오네우스의 딸 디아와 결혼했으나 결혼지참금 문제로 장인을 죽이고, 헤라를 범하려던 제우스의 노여움을 사서 영원히 멈추지 않는 수레에 묶인다.
** Danaides. 이집트의 왕 아이깁토스의 형제인 다나오스의 딸들. 아이깁토스에게는 50명의 아들이 있었고 다나오스에게는 50명의 딸이 있었는데, 왕권 다툼 끝에 다나오스는 딸들과 함께 아르골리스로 도망친다. 그런데 아이깁토스의 아들들이 쫓아와 딸들을 취하게 되자 다나오스는 딸들에게 남편을 죽이라고 사주한다. 오직 첫딸 히페름네스트라만이 남편인 린케우스를 살려두는데, 훗날 히페름네스트라를 뺀 나머지 49명의 딸들은 지옥에서 영원히 채워지지 않는 항아리에 물을 붓는 형벌을 당한다.

왼쪽부터 알랭 로브-그리예, 클로드 시몽, 클로드 모리악, 제롬 랭동, 로베르 펭제, 사무엘 베케트, 나탈리 사로트(마리오 돈데로가 1959년 10월의 어느 날 찍은 사진).

훌륭한 사진작가는 몸짓의 종말론적 성격을 어떻게 포착할 수 있는지를 알고 있다. 사진에 찍힌 사건의 역사성이나 특이성에서 그 무엇 하나 제거하지 않은 채 말이다. 나는 돈데로와 카파의 전쟁보도 사진, 혹은 베를린 장벽의 붕괴 전날 독일 국회의사당 지붕에서 찍은 동베를린 사진을 생각하고 있다. 혹은 1959년 미뉘출판사 사무실 앞에서 돈데로가 찍은 누보로망 작가들, 즉 나탈리 사로트, 사무엘 베케트, 클로드 시몽, 알랭 로브-그리예 등이 찍힌 (꽤 유명한) 사진을 생각한다. 이 모든 사진은 틀릴 여지가 전혀 없는 역사적 지표, 지울 수 없는

3. 심판의 날 37

영국의 사진작가 데이비드 옥타비우스 힐(1802~1870)이 1845년 찍은 사진. 여자 생선장수 엘리자베스 존스턴 홀을 모델로 찍은 이 사진에 힐은 「뉴헤이븐 마을의 미인」이라는 제목을 붙였다.

날짜를 담고 있다. 그렇지만 몸짓의 특별한 힘 덕분에 이 지표는 이제 또 다른 시간, 일체의 연대기적 시간보다 더 현행적^{attuale}이고 더 긴급한 시간을 가리킨다.

그러나 내가 좋아하는 사진에는 반드시 언급해야만 하는 또 다른 면모가 있다. 그것은 어떤 요구^{esigenza}와 관련되어 있다. 즉, 사진에 찍힌 피사체는 우리에게 무엇인가를 요구한다. 특히 요구라는 개념이 중요한데, 이것을 사실적 필연성^{necessità} ^{fattuale}과 혼동해서는 안 된다. 설령 사진에 찍힌 사람이 오늘날 완전히 잊혀버렸더라도, 그 혹은 그녀의 이름이 사람들의 기억에서 영원히 지워져버렸더라도(아니, 오히려 바로 이 때문에라도) 그 사람과 그 얼굴은 자신의 이름을 요구한다. 즉, [자신들이] 망각된 존재가 아니기를 요구한다.

벤야민이 데이비드 옥타비우스 힐의 사진에 관해 언급하며 여자 생선장수의 이미지는 언젠가 살아 있었던 그 여자의 이름을 요구한다고 썼을 때, 그 역시 이와 같은 것을 염두에 두고 있었음에 틀림없다.[7] 최초의 은판사진 관람자들이 [오랫동안 보지 못하고] 그 사진들에서 곧 등을 돌린 이유는 어쩌면 이 무언의 호소를 참지 못했기 때문일 것이다. 그들은 사진에 찍힌 사람이 자신을 보고 있다고 느꼈다.[8] (내가 일하는 방 안의 책상 옆에는 가구가 있는데, 그 위에는 어떤 브라질 소녀의 얼굴을 보여주는 한 장의 사진이 놓여 있다. 사실은 꽤 유명한 사진인데 사진 속의 소녀는 나를 매섭게 응시하는 듯이 보인다. 오늘날 최후의 심판의 날에서처럼, 그 소녀가 나를 심판하며 심판할 것임을 나는 절대적으로 확실하게 알고 있다.)

돈데로는 언젠가 자신이 존경하는 사진작가 두 명과의 어떤 거리[차이]를 표현한 적이 있다. 앙리 카르티에-브레송과 세바스티앙 살가도가 그들이다. 돈데로는 카르티에-브레송에게서 기하학적 구축의 과잉^{eccesso}을 보았으며, 살가도에서는 미학적 완벽함의 과잉을 보았다. 돈데로는 인간의 얼굴을 말해야 할 이야기, 혹은 탐구해야 할 지리地理로 여겼기에 이 두 사람과 대립했던 것이다. 나 역시 똑같은 길을 생각한다. 즉, 우리를 호명하는 사진의 요구에는 미학적인 무엇인가가 전혀 없다. 오히려 사진의 요구는 속죄에 대한 요구이다. 사진 이미지는 항상 이미지 이상의 것이다. 요컨대 사진은 감각적인 것과 예지적인 것, 모방물과 현실, 기억과 희망 사이의 간극이자 숭고한 균열의 자리인 것이다.

육신의 부활에 관해 그리스도교 신학자들은 이렇게 자문하곤 했다. 신체는 죽음의 순간 당시의 상태로 (어쩌면 늙고 머리카락도 빠지고 한쪽 다리도 잃은 채) 부활하는가, 아니면 완전무결한 젊은 상태로 부활하는가라고. 하지만 그들은 결코 만족스러운 대답을 찾지 못했다. 오리게네스는 부활이란 육체 자체가 아니라 육체의 형상, 육체의 에이도스^{eidos}와 관련된 것이라고 주장함으로써 이 끝없는 논쟁에 종지부를 찍었다. 이런 의미에서 사진은 영광의 육체[9]를 예언해준다.

마르셀 프루스트는 사진에 집착한 나머지 자신이 사랑하고 존경한 인물들의 사진을 무슨 짓을 해서든 손에 넣으려 했던 것으로 유명하다. 22살 무렵의 프루스트가 사랑했던 소년들 중 한 명인 에드가 오베르는 프루스트가 집요하게 요구한 결과 마침내 자신의 초상사진을 보내줬다. 오베르는 사진 뒷면에 헌사를 대신해 이렇게 써놓았다. "제 얼굴을 보세요. 제 이름은 '한때는 그랬을 수도 있어'예요. '더 이상 아니야,' '너무 늦었어,' '그만 안녕'이라고도 불리죠."10) 확실히 거들먹거리는 헌사이기는 하지만, 이것은 모든 사진에 활기를 불어넣고 있는 요구를 완벽하게 표현하고 있으며, 늘 사라질 순간에 처해 있는 실재를 포착해 그것을 다시 가능하게 만든다.

사진은 이 모든 것을 기억하라고 우리에게 요구하며, 이 모든 잃어버린 이름을 증언한다. 묵시록의 새로운 천사(사진의 천사)가 모든 날의 끝에, 즉 매일 자신의 손에 쥐고 있는 생명의 책*처럼.

---

* libro della vita(Sefer HaChaim). 유대교에서 말하는 신의 책. 여기에는 창조된 모든 사람의 이름이 적혀 있다.

4 조수들
Gli aiutanti

프란츠 카프카의 소설에서 우리는 스스로를 '조수들'로 정의하는 피조물들과 마주친다. 그러나 그들이 도울 수 있는 것이라곤 아무것도 없는 듯하다. 그들은 아무것도 모르고, 아무런 '장비'도 없다. 그들은 그저 어리석은 행동과 어린아이 같은 짓만 할 뿐이다. 그들은 '해충'이며, 심지어 때로는 '파렴치'하고 '음탕'하다. 그들의 겉모습은 너무도 비슷해서 이름(아르투어, 예레미아스)*으로만 분간될 수 있을 정도이다. 즉, 그들은 마치 '뱀처럼 꼭 빼닮았다.' 그렇지만 그들은 주의 깊은 관찰

---

* 아르투어와 예레미아스는 모두 카프카의 『성』(*Das Schloß*, 1926)에 나오는 등장인물로서 주인공 K의 조수들이다. 본문의 첫 번째 단락은 이들에 대한 작품 속 묘사를 요약하고 있다.

자이며 '빠르고' '유연'하다. 그들의 눈은 반짝거리고, 어린아이 같은 행동거지와는 대조적으로 어른의 얼굴을 하고 있으며, '거의 대학생처럼' 길고 풍성한 수염을 기르고 있다. 누군지는 분명하지 않지만 어떤 누군가가 그들을 우리에게 할당했으며, 그들을 우리에게서 떼어내는 것은 간단하지 않다. 요컨대 "우리는 그들이 누구인지 알지 못한다." 적의 '밀사'인지도 모른다(이것은 그들이 그저 기다리고 지켜보는 것 외에는 아무것도 하지 않는 이유를 설명할 수 있을 것 같다). 하지만 그들은 전달해야만 하는 편지의 내용은 모르는, 그러나 그 미소, 그 시선, 그 자세 자체가 "마치 하나의 메시지처럼 보이는" 천사, 사자使者를 닮았다.

우리는 저마다 발터 벤야민이 '흐리멍텅하다'거나 '불완전하다'고 정의한, 반은 하늘의 정령이고 반은 신인 인도의 현인 간다르바와 닮은 피조물을 알고 있다. "이 세계[조수들의 세계]에서 확고한 자리, 혹은 확고하고도 틀림없는 외형을 갖고 있는 것은 없다. 상승하거나 추락하지 않는 것, 자신의 성질을 자신의 적이나 이웃과 교환하지 않는 것도 없다. 그들은 꽤 나이를 먹지 않은 것이 아닌데도 여전히 미숙하다. 그들은 완전히 기진맥진해지지 않은 것이 아닌데도, 기나긴 실존의 출발점에 있을 뿐이다."[1] 우리의 친구들보다 지적이고 재능이 있으며 항상 상상하고 계획하는 데 몰두하지만, 그렇게 하는 데 필요한 모든 미덕을 갖추고 있는 듯한 그들은 아무것도 끝마

간다르바는 고대 인도의 신화에 나오는 하늘의 무희 아프사라스의 배우자로서, 술의 신 '소마'의 수호자이기도 한 천상계의 악사(樂師)이다. 힌두교 도상학에서는 반인반조(半人半鳥)의 악인으로 표현되기도 하는데, 삶과 죽음의 문턱에 속해 있는 존재로 불리기도 한다. 카프카에 관한 에세이에서 벤야민은 간다르바를 "아직도 미완성 상태의 존재인 미숙한 피조물"이라고 불렀다.

치지 못하며 보통 아무 일도 하지 않는다. 설령 우리의 소망과는 반대되더라도 그들은 만년 학생의 유형, 또는 우리로서는 내키지 않지만 나이를 헛먹어서 결국 뒤에 남겨둬야 하는 사기꾼의 유형을 구현한다. 그렇지만 그들에 관한 어떤 것, 즉 미결의 몸짓, 예기치 못한 기품, 판단과 취향에 있어서의 어떤 수학적 대담함, 그들의 팔다리나 말言에 깃든 어떤 명민한 기운 등 이 모든 특성은 그들이 상보적인 세계에 속해 있으며,

4. 조수들 45

잃어버린 시민권이나 불가침의 어떤 다른 곳을 암시한다는 점을 보여준다. 이런 의미에서 그들은 우리를 도와준다. 설령 그 도움이란 것이 무엇인지는 말할 수 없다 해도 말이다. 어쩌면 도움은 그들이 도울 수 없다는 사실 자체, 혹은 "우리로서는 아무것도 할 것이 없어"라는 그들의 완고한 주장에 있을 것이다. 바로 그런 이유 때문에 우리는 결국 우리가 그들을 얼마간은 배반했다는 것을 안다.

아동문학이 조수들로 가득 차 있는 것은 어쩌면 어린아이가 아직 미완의 존재이기 때문일 텐데, 이 조수들은 어린아이와 마찬가지이거나 비슷하다. 또한 이들은 너무 작거나 크기도 한데 작은 도깨비, 망령, 착한 거인, 정령, 변덕스러운 요정, 말하는 귀뚜라미와 달팽이, 황금동전을 똥처럼 싸내는 당나귀, 마치 기적처럼 나타나 착한 공주나 겁 없는 조반닌[2])을 위험에서 구출해내는 마법의 피조물들이 바로 그들이다. 결국에는 주인공들이 영원히 행복하게 살아가기 때문에 화자는 이야기의 마지막에서 이 인물들을 잊어버린다. 우리는 그들, 즉 주인공들이 모든 것을 빚지고 있는 이 분류할 수 없는 '패거리'에 관해 더 이상 아무것도 모른다. 자신의 모든 마력을 포기하고 다른 이들과 함께 자신의 공국公國으로 돌아가는 프로스페로에게 에어리엘이 없는 삶이란 무엇인가라고 물어보자.

조력자의 완벽한 유형은 피노키오라는 경이로운 목각인형이다. 제페토 할아버지는 자기와 함께 세계를 여행할 수 있고,

자기를 위해 "한 조각의 빵과 한 잔의 포도주"3)를 벌어와 주기를 바라면서 피노키오를 만들었다. 죽은 것도 아니고 산 것도 아닌, 반은 골렘이고 반은 로봇인 피노키오는 늘 한순간의 유혹에 무릎을 꿇으며, 그런 뒤 곧바로 "이제부터 착해질 거야"라고 약속한다. 비인간적인 것의 진지함과 기질을 지닌 이 영원한 [조력자의] 원형은 어떤 지점에서 "두 다리를 쭉 늘어뜨린 채," 결코 소년이 되지 못하고 가장 부끄럽게 죽는다(저자가 교훈적인 결론을 덧붙이는 것이 필요하다고 생각하기 전까지는 이것이 이야기의 원안에 있던 내용이다).4) [피노키오 이야기에 나오는] 또 다른 조수는 "호롱불의 새로운 심지와도 닮은 앙상하고 메마른 작은 체구"의 루치뇰로이다. 루치뇰로는 친구들에게 놀이동산에 대한 얘기를 들려주며, 피노키오의 귀가 당나귀의 귀처럼 자랐다는 것을 알고는 배꼽을 잡고 웃는다.5) 로베르트 발저의 '조수들'도 이와 똑같은 것[피조물]들이다. 이들은 [너무 터무니없어서] 뭐라 형언할 수조차 없는 게 아니라면 극히 불필요한 일을 하는 데 고집스럽게 협력하는 인물들이다. 우리가 미처 손을 쓸 수도 없을 만큼 말이다. 만일 그들이 연구를 한다면(그들은 아주 열심히 연구하는 것처럼 보인다) 그것은 거대하고 뚱뚱한 영(霙)이 되기 위해서이다. 그렇다면 왜 그들은 이 세계가 진지하게 받아들이는 것이라면 무엇이든지 애써 돕는 것일까? 결국 이것은 광기일 뿐이다. 그들은 산책하기를 좋아한다. 그리고 산책하는 동안에 개나 어떤 생물과 마주치면 이렇게 속삭일 것이다. "동물들아, 네게 줄 수 있는 게 아무것도 없구나. 내게 그런 게 있다면 기꺼이 주련만."6) 그렇지만 그들은 자신들이 "[미숙한] 풋내기 같은 존재"라는 점을 쓰라리게 한탄하면서 결국 풀밭 위에 누워버린다.

사물들 중에도 조수들이 있다. 모든 사람은 쓸모없고 얼마간 창피해할 만한 물건을 간직하고 있다. 기념품이기도 하고, 일종의 부적이기도 한 이 물건을 사람들은 이 세상의 무엇과도 바꾸려들지 않는다. 이런 물건은 어린 시절 동안 망가지지 않고 살아남은 오래된 장난감일 수도 있고, 잃어버린 정취를 여전히 담고 있는 필통일 수도 있으며, 별다른 이유 없이 남성용 셔츠 서랍에 쭉 보관해온 티셔츠일 수도 있다. 찰스 포스터 케인에게는 '로즈버드'라고 불린 썰매가 바로 이런 물건이었음에 틀림없다.* 아니, 추적자에게는 "꿈을 만든 물건"7)임이 판명된 몰타의 매를 생각해보자. 아니, 알프레드 존-레텔이 아름답게 나폴리를 묘사하면서 말한 바 있는 크림 젓는 기계로 둔갑한 스쿠터 엔진을 생각해보자.8) 이것들, 이 조력자-대상들, 마음속 깊이 감춰져 있는 에덴동산에 대한 이 증인들은 결국 어디로 가는 것일까? 이것들을 위한 어떤 창고, 이것들을 영원히 모아놓게 될 어떤 방주方舟가 있지 않을까? 유대인들이

---

* '찰스 포스터 케인'은 『시민 케인』(*Citizen Kane*, 1941)의 주인공인 신문왕(新聞王)이다. 이 영화는 주인공 케인이 '로즈버드'라는 수수께끼 같은 말을 남기고 죽으면서 시작된다.

낡고 읽을 수 없게 됐지만 그 안에 신의 이름이 적혀 있을지도 모르는 책들을 보관해두는 게니자 같은 곳 말이다.9)

위대한 수피교도 이븐 알-아라비의 걸작 『메카의 계시』 366장은 '메시아의 조력자들'에게 봉헌됐다.10) 이 조력자들 (우리가 『천일야화』에서 몇 번이나 마주치는 이 존재는 [아랍어로] 와지르^{wazir}라고 하며, 그 복수형은 와자라^{wuzara}'이다**)은 세속적 시간에서 이미 메시아적 시간의 특색을 소유한다. 즉, 그들은 최후의 날에 이미 속해 있다. 신기하게도(그러나 어쩌면 바로 그 때문에) 그들은 비아랍인 중에서 선택된다. 설령 아랍어를 말하더라도 그들은 아랍인들 속에서는 이방인들이다. 시간의 종말에 도래하는 마흐디^{Mahdi}, 즉 메시아에게는 조력자, 이런저런 방식으로 자신을 안내해줄 존재가 필요하다. 설사 그들이 실제로는 마흐디가 지닌 지혜의 성질, 혹은 마흐디가 '거쳐 가야 할 길'^{stazione}의 의인화일 뿐일지라도 말이다. "마흐디는 조력자들과 상의한 내용에 기초해 결정하고 판결한다. 왜냐하면 그들은 신적인 현실에 존재하는 것이 무엇인지를 아는 참된 인식자이기 때문이다."11) 마흐디는 조력자들 덕분에 동물의 언어를 이해할 수도 있으며, 자신의 정의를 인간뿐만 아니라 진***에게까지 확대할 수 있다. 사실 조력자의 자질 가

** '와지르'는 앞서 아감벤이 언급해왔던 단순한 조력자와는 성격이 다르다. 아랍어권에서 주로 고관대신을 지칭하는 와지르는 왕의 자문역·고문역이라고 보는 것이 더 정확하다.

운데 하나는 이들이 신의 언어를 인간의 언어로 옮기는 '번역가'^{mutarjim}라는 데 있다. 이븐 알-아라비에 따르면 사실상 세계 전체는 신적인 언어의 번역에 다름 아니다. 이런 의미에서 조력자들은 [신의] 쉼 없는 현현, 연속적인 계시의 일꾼들이다. 조수의 또 다른 자질은 '꿰뚫어 보기'로서 '보이지 않는 영역의 인간,' 즉 인간의 형체와 동물의 형체에 숨겨져 있는 천사들과 다른 사자들을 분간해내는 것이다.

그러나 이런 조력자들, 번역가들을 어떻게 분간해낼 수 있을까? 이들이 이방인으로서 신자들 속에 숨는다면, 누가 이 꿰뚫어 보는 자들을 구별할 수 있는 시각을 지닐 것인가?

와자라와 카프카의 조수들 사이에 존재하는 중간적 피조물이 바로 벤야민이 자신의 어릴 적 기억에서 불러낸 곱사등이 난쟁이이다.[12] 이 '뒤틀린 삶의 기생동물'은 어린아이 같은 서투름의 암호가 아니다. 무엇인가를 마시고 싶어 하는 사람의 컵을 훔치고, 기도하고 싶어 하는 사람의 기도를 훔치는 장난꾸러기도 아니다. 오히려 이 난쟁이를 보는 사람은 그 누구든 "주의력을 잃는다." 이 난쟁이에 대해서뿐만 아니라 자기 자신에 대해서 말이다. 사실 곱사등이는 망각된 존재의 대

*** Jinn. 그리스-로마 문화권의 '게니우스'에 해당하는 존재. 인간·천사와 더불어 알라가 만든 초자연적 피조물이다. 이슬람교에 따르면 알라는 흙에서 인간을, 빛에서 천사를, 그리고 연기가 나지 않는 불에서 진을 만들었는데 인간처럼 자유의지를 지녔다(천사에게는 자유의지가 없다).

표이다. 즉, 곱사등이는 모든 사물에 내재하는 망각의 측면을 주장하기 위해 나타난다. 부주의함이 속죄의 전조이듯이, 망각의 이런 몫은 시간의 종말과 어떤 관계를 맺고 있다. 뒤틀림, 곱사등이의 혹, 서투름은 [사람들의] 망각 속에 처한 사물이 취하는 형식들이다. 우리가 항상 이미 잊어왔던 것, 그것이 신국^{Regno}/神國이다. 우리는 "마치 우리가 신국에 있지 않다는 듯이" 살아왔다. 메시아가 오면 뒤틀린 것은 쭉 펴지고, 장애는 아무런 문제도 되지 않으며, 망각된 것은 저절로 기억될 것이다. 왜냐하면 "그들과 그 동류들, 불완전한 자와 무능한 자들인 그들에게 희망이 주어질 것"이기 때문이다.

세속의 시간에서 신국은 불길하고 뒤틀린 형식으로 나타난다는 관념, 최종상태의 요소들이 지금은 하찮고 조롱거리가 될 만한 것처럼 보일 수도 있는 존재 속에 감춰져 있다는 관념, 즉 수치스러움이 은밀하게 영광과 어떤 관련을 맺고 있다는 관념은 심오한 메시아적 테마이다. 지금 저속하고 하잘것없어 보이는 모든 것은 최후의 날에 우리가 되찾아야만 할 담보물이다. 그리고 자신의 길을 잃어버린 동료가 우리를 구원으로 인도할 것이다. 나팔을 불거나 부주의하게 손에서 '생명의 책'을 떨어뜨리는 천사의 모습 속에서 우리는 바로 그 동료의 얼굴을 인식할 수 있다. 우리의 결점과 사소한 비천함 속에서 뻗어 나오는 빛의 방울은 속죄에 다름 아니다. 이런 의미에서 우리에게 책상 아래로 최초의 포르노그래피 사진들을 건네준 못된 친구나, 누군가가 그 안에서 처음으로 자신의 나체를 우리에게 보여준 지저분한 헛간 역시 조수이다. 조수들은 우리의 충족되지 못한 욕망이자, 우리가 우리 자신에게도 고백하지 않은 욕망이다. 심판의 날에 그들은 아르투어와 예레미아스처럼 우리를 향해 웃을 것이다. 그날에 누군가는 우리의 치욕을 천국용 어음이라도 되는 양 할인할 것이다. 군림한다^{regnare}는 것은 [모든 것을] 성취한다는 뜻이 아니다. 그것은 성취하지 못한 것이 여전히 남아 있다는 뜻이다.

조수는 사라지는 것의 형상이다. 아니, 오히려 우리가 잃어버린 것과 맺는 관계의 형상이다. 이 관계는 집단적 삶뿐만 아니라 개인적 삶에 있어서 매 순간 망각된 모든 것과 관련된다. 그것은 돌이킬 수 없을 만큼 잃어버린 많은 것과 관련된다. 매 순간 우리가 스스로 행한 망각, 파괴, 존재론적 낭비의 양은 우리의 기억과 의식이 지닌 한줌의 연민을 크게 초과한다. 하지만 말없는 골렘처럼 우리를 따라다니는 망각된 것의 형체 없는 카오스는 무력하지도, 효력이 없지도 않다. 반대로 그것은 우리의 의식적 기억만큼이나 강력하게 우리에게 영향을 끼친다. 비록 다른 방식으로이기는 하지만 말이다. 비록 의식에 비추어 측정될 수도 없고 세습 재산처럼 축적될 수도 없지만, 모든 지식과 의식의 위계를 집요하게 지배하는 것은 바로 망각된 것의 힘, 그리고 아마도 망각된 것의 호명이리라. 잃어버린 것은 기억되고 충족되기를 요구하지 않는다. 그저 망각되거나 잃어버린 채로 남아 있기를 요구할 뿐이며, 바로 그 때문에 잊힐 수 없다. 조수들은 이 모든 것을 편안하게 받아들인다. 조수들은 잊을 수 없는 것의 텍스트를 판독해 귀머거리-벙어리의 언어로 번역한다. 그래서 조수들의 몸짓은 난감하기 그지없도록 요란하고, 얼굴은 무언극에서처럼 무표정하고, 이와 마찬가지로 그들의 존재 자체가 더 이상 어찌할 수 없이 애매모호한 것이다. 왜냐하면 잊을 수 없는 것은 오직 패러디 속에서만 그 모습을 드러낼 수 있기 때문이다. 노래의 자리는 비어 있다. 오늘도 우리 주변의 사방팔방에서 조수들은 신국을 준비하느라 바쁘다.

5 패러디
Parodia

엘사 모란테는 『아르투로의 섬』[1])에 패러디에 관한 성찰을 숨겨뒀다. 그리고 이 성찰은 모란테의 시학에 대해 뭔가 결정적인 것을 말해주는 듯하다. 부당하게 보일지도 모르지만 (대문자 P로 시작하는) 패러디라는 용어는 소설의 화자인 아르투로의 우상이자 아버지이며 소설의 중심인물 중 한 명이기도 한 빌헬름 제라체를 모욕하는 언사로서 다소 예기치 않게 나타난다.* 패러디라는 말을 처음 들었을 때(아니 오히려 자신과 아버

---

* 아르투로는 어느 날 자기 아버지와 죄수가 감옥의 창살을 사이에 두고 주고받았던 모르스부호 같은 휘파람 소리를 몰래 듣게 된다. 그때 죄수는 아버지에게 "집어치워, 유치한 패러디로군!"라고 말한다. 엘사 모란테, 천지은 옮김, 『아서의 섬』, 문학과지성사, 2007, 406쪽.

지만이 공유하고 있다고 믿은 휘파람이라는 비밀언어에서 이 말을 번역했을 때) 아르투로는 그 뜻을 잘 몰랐고, 이 말을 잊지 않으려고 속으로 되뇌었다. 집으로 돌아와 사전을 펼쳐들었을 때, 아르투로는 다음의 정의를 발견한다. "누군가의 시구를 모방하는 것으로, 그 속에서 타인에게는 진지한 것이 우스꽝스럽고 희극적이거나 기괴한 것이 된다."[2]

수사학 교본에 나오는 이 정의가 문학 텍스트에 침입한 것은 우연이 아닐 것이다. 특히 그 용어가 소설의 끝부분 바로 직전에 있는 어떤 에피소드에서 재등장하기 때문에 더욱 그렇다. 그 에피소드에는 아르투로가 아버지, 섬, 자신의 유년기에서 분리되게끔 이끈 궁극적인 폭로가 담겨 있다. 폭로란 이런 것이다. "네 아버지는 패러디이다!"[3] 사전의 정의를 떠올리면서 아르투로는 그 모욕적 언사를 정당화할 수도 있는 희극적이거나 기괴한 특징을 아버지의 야위고 인자한 얼굴에서 찾으려고 하나 헛수고에 그칠 뿐이다. 얼마 뒤에 아르투로는 아버지가 아버지 당신을 모욕한 바로 그 남자를 사랑한다는 점을 깨닫는다. 여기에서 이 문학 장르의 이름[즉, 패러디]은 진지한 것에서 희극적인 것으로의 치환이라기보다는 욕망의 대상과 관련된 전도轉倒의 암호이다. 또한 등장인물의 동성애가 바로 암호라고, 즉 아버지는 화자의 목소리(이것은 명백히 저자의 목소리이기도 하다)가 사랑한 문학 장르에 대한 상징에 다름 아니라는 것을 가리키는 암호라고도 말할 수 있다. 중세의 텍스트들에서 전례를 찾는 것은 어렵지 않지만, 현대 소설에서는 유사한 사례가 거의 없는, 특별한 알레고리적 의도에 걸맞게, 모란테는 하나의 문학 장르(패러디)를 자기 책의 주인공으로 만들었던 것이다. 이런 관점에서 생각해보면 『아르투로의 섬』은 처음에는 극히 진지하고 거의 전설처럼 보이는 어떤 문학적 대상에 대한 저자의 필사적이고 어린아이 같은 사랑 이야기처럼 보이지만, 종국에는 어떤 패러디적 형식으로만 접근할 수 있음이 드러나게 된다.

    아르투로가 사전에서 찾은 패러디에 관한 정의는 상대적으로 근대적인 것이다. 그것은 16세기 말의 줄리오 체자레 스칼리제로의 작품에서 전형적인 결정체가 드러난 수사학적 전통에서 나온 것이다. 스칼리제로는 자신이 쓴 『시학』(1561)의 한 장[제1부 42장] 전체를 패러디에 할애했는데, 이 정의는 몇 세기 동안 그 전통을 지배했던 모델을 제공한다.

> 풍자가 비극에서, 마임이 희극에서 파생됐듯이 파로디아[패러디]는 랍소디아에서 유래한다. 실제로 낭송시인들[랍소도스]이 낭송을 중단하면 연기자들이 등장해 농담을 던지고 청중들의 영혼을 자극하기 위해 그때까지 행해졌던 모든 것을 뒤집고 전복해버렸다. …… 그 때문에 이 노래들은 파로이도스 paroidous라고 불렸다. 왜냐하면 진지한 줄거리를 갖고 있으면서도, 이것에 덧붙여 다른 익살스런 것이 삽입됐기 때문이다.

그러므로 파로디아는 말을 바꿈으로써 어떤 것에 대한 의미를 익살스럽게 치환시키는, 전도된 랍소디아이다. 그것은 에피레마와 파라바시스를 닮았다.4)*

스칼리제로는 당대의 가장 날카로운 정신의 소유자 중 하나였다. 스칼리제로의 정의에는 호메로스의 시(랍소디아), (우리가 나중에 잠깐 언급할) 희극적 파라바시스에 대한 언급 등 몇 가지 중요한 요소들이 담겨 있다. 또한 이 정의는 패러디에 관한 정전正典과도 같은 두 가지 특징을 정립한다. 한 가지 특징은 진지한 것에서 희극적인 것으로 점차 바뀌게 되는, 앞서 존재하는 모델에 의존한다는 것이다. 그리고 다른 특징은 새롭고 부정합적인 내용을 도입하는 형식적 요소가 보존된다는 것이다. 아르투로를 그토록 고심하게 만든 근대적 수사학 교본의 정의와 [스칼리제로의 정의에서 보이는] 이 특징들의 거리는 아주 가깝다. 이런 의미에서 미사의 전례$^{\text{liturgia}/典禮}$나 성

---

* '랍소디아'(rhapsodia)는 랍소도스(rhapsodos)라 불리는 시인들이 낭송한 서사시의 일부를 가리킨다. '에피레마'(epirrhema)는 풍자적 어조의 합창으로서 트로카에스 시행(詩行)의 4분격, 즉 장-단-장-단의 한 절이 네 개씩 한 조를 이뤄 반복되는 경쾌한 리듬을 띠고 있다. '파라바시스'(parabasis)는 합창단 지휘자의 입을 빌려 작가가 자신의 생각을 관객에게 말하는 막(幕) 등을 가리키는 말로, 합창단이 공연 당일의 주제를 관객들에게 알리고 저명한 시민들에게 상스러운 비난을 퍼붓는 경우가 많다(이 단어의 원래 뜻 자체가 '선을 넘어가다, 탈선하다'이다). 뒤에서 곧 보겠지만 아감벤은 '파라바시스'에 특별한 의미를 부여한다.

경 텍스트 등에 조야하기 그지없는 내용을 집어넣은 '술주정 뱅이의 미사'[5]와 '키프리아누스의 만찬'[6] 같은 중세의 성스러운 패러디**는 패러디의 완벽한 전형이다.

그러나 고전주의 세계는 패러디를 음악기술의 영역에 위치시킨 또 다른, 더 오래된 뜻에 친숙했다. [음악용어로서 이해된 패러디의] 이 정의는 노래와 말, 멜로스[가락/선율]^{melos}와 로고스^{logos}를 구별한다. 사실 그리스 음악에서 멜로디는 원래 말의 리듬에 일치해야만 했다. 이런 전통적 연결이 깨지고 낭송 시인들이 불협화음의 멜로디를 도입해 호메로스의 시를 낭송할 경우 사람들은 파라 텐 오덴$^{para\ tēn\ ōidēn}$, 즉 노래에 어긋난다(혹은 노래 곁에 있다)고 말한다. 아리스토텔레스가 알려준 바에 따르면 이런 의미에서 랍소디아에 파로디아를 처음 도입한 것은 타소스의 헤게몬이었다.[7] 우리는 헤게몬의 낭송 방식이 아테네 사람들에게 참기 힘든 웃음을 유발했음을 알고 있다. 키타라[기타 비슷한 옛 현악기] 연주자 오이노파스는 음악을 말과 분리함으로써 서정시에 파로디아를 도입했다고 한다. 노래와 말의 균열은 칼리아스[8]에게서 정점에 이르렀는데, 칼리아스는 가사[말]를 알파벳 낭송(베타 알파, 베타 에타 등)으로 대체하는 노래를 작곡했다.

** parodia sacra. 성전(聖典)과 의식(儀式)을 패러디한 작품 일반을 지칭한다. 앞서 언급한 '술주뱅이의 미사'나 '키프리아누스의 만찬' 이외에도 성사극(聖史劇) 등이 이에 포함된다.

그러므로 더 오래된 의미에 따르면, 패러디라는 용어는 음악과 언어활동 사이의 '자연스러운' 연계를 단절시키는 것, 말[대사]에서 노래를 분리하는 것을 가리킨다. 아니, 이와는 정반대로 노래에서 말을 분리하는 것을 가리킨다. 사실 이처럼 패러디를 통해 음악과 로고스 사이의 전통적 연계가 느슨해진 것이야말로 고르기아스[9]와 더불어 예술적 산문의 탄생을 가능케 했다. 이런 연계가 끊어짐으로써 파라$^{par\bar{a}}$, 즉 산문이 터를 잡게 되는 곁의 공간이 해방된다. 이것은 문학적 산문이 그 자체로 노래에서 분리됐음을 표시한다는 뜻이다. 이렇게 보면 키케로가 산문으로 된 연설에서 느꼈던 "모호한 노래"(그러나 이야기에도 모호한 노래 같은 것이 있다$^{est\ autem\ etiam\ in\ dicendo\ quidam\ cantus\ obscurior}$)는 잃어버린 음악, 노래의 자연스런 장소가 소멸한 데 대한 애도의 노래이다.[10]

모란테의 작품 세계에서 패러디가 문체상의 열쇠를 구성한다는 생각은 분명 새로운 것이 아니다. 이런 점에서 [모란테의 패러디를 두고] '진지한 패러디'라는 언급이 나왔다. 확실히 '진지한 패러디'라는 개념은 모순적이다. 패러디가 진지한 문제가 아니기 때문이 아니라(사실 때때로 패러디는 지극히 진지하다), 패러디된 작품과 동일시될 것을 요구할 수 없기 때문이다. 또한 패러디가 노래의 곁$^{para-ōiden}$에 있을 수밖에 없다는 사실, 따라서 패러디에게 고유한 자리 같은 것은 없다는 사실을 부인할 수도 없다. 그러나 패러디 작가로 하여금 패러디의 대상을 직접적으로 재현하지 않게 만드는 이유에는 엄청난 진지함이 있을 수 있다. 모란테에게 그 이유는 견고할 뿐만 아니라 명백하기까지 하다. 엄밀히 말해서 모란테가 서술해야만 하는 대상(순진무구한 삶, 즉 역사 바깥의 삶)은 서사화될 수 없다. 모란테의 시학에서 결정적인 것은 일찍이 그녀 스스로가 1950년의 단편에서 제시했던 설명(유대-그리스도교 신화에서 빌려온 설명)이다. 인간은 에덴에서 쫓겨났고, 자신의 자리를 잃어버렸고, 자신에게 속해 있지 않았던 역사 속에 동물들과 함께 내던져졌다는 설명 말이다. 이런 의미에서 [모란테에게는] 서사의 대상 자체가 '패러디적,' 즉 자리에서 벗어나 있는 것이다. 그러니 이런 대상의 내밀한 패러디를 반복하고 모방할 수밖에. 모란테는 서사화할 수 없는 것을 불러내고 싶어 하기 때문에 어린아이 같은 수단, 그리고 '소설가적 악덕'에 호소할 수밖에 없다. 작가 스스로 소설의 말미에서 아르투로의 목소리를 빌려 주장했듯이 말이다. 그러므로 모란테는 상당수 등장인물들의 참을 수 없을 만큼 정형화된 모습과 패러디적인 성질(위세페와 아르투로 같은 모란테의 등장인물들은 반쯤 『쿠오레』[11)]이자 반쯤 『보물섬』이며, 반쯤 우화이자 반쯤 신비인 아동용 그림책에나 나올 법하다)을 박식한 독자들이 알아서 채우고 보충하리라고 믿을 수밖에 없다.

문학에서는 삶이 신비로서만 표현될 수 있다는 말은 모란테에게 딱 들어맞는 정리定理이다(섬을 떠나기 직전 아르투로는 말한다. "그래서 여전히 삶은 신비한 거야"12)). 알려진 바에 따르면 이교도적 신비의 경우에는 그 입회자들이 팽이, 솔방울, 거울 같은 장난감이 등장하는 연극적 행위를 보게 된다(악의 있는 자들은 이것을 어린아이들의 놀이^{puerilia ludicra}라고 정의한다). 여기서 모든 신비의 어린아이 같은 측면, 신비와 패러디를 묶어주는 내밀한 연대를 성찰해보는 것이 유용하다. 신비에 관한 한 패러디에서 시작할 수밖에 없다. 신비를 불러내려는 다른 모든 시도는 그저 악취미와 호언장담에 빠질 뿐이다. 이런 점에서 미사의 전례는 현대적 신비의 탁월한 재현인 바, [그 자체로] 패러디적이다. 중세의 수많은 성스러운 패러디들이 이 점을 뒷받침하는데, 수도승들의 경건한 손에 의해 보존되어왔다는 것은 이 패러디들에 세속적 의도가 전혀 없음을 보여준다.13) 신비와 마주할 때 예술적 창조는 캐리커처가 될 뿐이다. 프리드리히 니체가 광기 속에서도 의식이 뚜렷했을 때 야콥 부르크하르트에게 썼던 바로 그 의미에서 말이다. "저는 신입니다. 제가 이 캐리커처를 만들었죠.^{Sono Dio, ho fatto questa caricatura} …… 저는 신이기보다는 바젤대학교의 교수이고 싶었습니다. 그러나 [신을 위해 이 세계를 창조하는 일을 빠뜨릴 만큼] 제 사적인 에고이즘을 끌어안고 갈 수는 없었습니다."14) 서사화할 수 없는 것을 재현하고 싶어 할 만큼 자신의 에고이즘을 밀어붙일 수 없다고 느낄 때, 예술가는 일종의 정직함을 통해 패러디를 신비의 형식 그 자체로 취하는 것이다.15)

어쩌면 신비의 형식을 띤 패러디의 정립이 중세의 가장 극단적인 패러디적 역-텍스트^{controtesti}를 규정한지도 모른다. 기사도적 의도의 핵심인 신비의 아우라가 가장 자유분방한 분변문학*으로 뒤바뀌어버린 그 텍스트 말이다. 나는 지금 12세기 말경 고대 프랑스어로 씌어졌고 단 하나의 필사본만이 보존되어 있는 시집 『오디졔르』를 말하고 있는 것이다. 이 작품 속 주인공인 반(反)영웅의 계보와 존재 전체는 배설강**과 다를 바 없는 성좌 내부에 기입되어 있다. 그의 아버지 튀르지부스는 코퀴스의 영주이다. "아늑한 나라/ 사람들이 목까지 똥 속에 몸을 묻고 있는 곳/ 똥덩어리의 개울을 헤엄쳐 나는 거기에 이르네/ 그리고 나는 다른 어떤 구멍을 통해서도 다시는 나갈 수 없으니." [기사(騎士)이기도 한] 오디졔르 자신이 훌륭한 계승자임을 보여주는 이 고상한 신사와 관련해 우리가 알고 있는 것은 "자기 옷 위에 똥을 한가득 싸면/ 그는 똥덩어리에 자기 손가락을 집어넣고 그 손가락을 빤다"는 것이다. 하지만 이 시집에서 패러디의 진정한 핵심이 발견되는 대목은 똥구덩이에

---

* scatologià. 원래는 '분변음욕증', 즉 이성(異性)의 분뇨에 심취해 배설물을 보거나 냄새를 맡거나 배설행위 자체를 보는 것 등에서 쾌감을 느끼는 상태나 행위를 가리킨다. 혹은 이런 행위에 대한 연구를 가리키기도 하고, 일반적으로 '외설문학'의 통칭으로 쓰이기도 한다.

** cloaca. 배설기관과 생식기관을 겸하고 있는 구멍으로 양서류·파충류·조류 등에서 볼 수 있다. 흔히 '오물통'(cesspit)이나 '정화조'(cesspool), 비유적으로는 '부도덕한 자들의 소굴'이라는 뜻으로도 쓰인다.

서 진행되는 기사서임식의 모방, 그리고 무엇보다도 오디졔르와 수수께끼의 노파 그랑베르쥬의 거듭된 결투이다. 이 결투는 꼭 오디졔르가 '진정한 신사' 대접을 받는 조롱조의 분변성찬식$^{sacramentario\ scatologico}$, 즉 온통 배설물로 이뤄진 성찬식으로 끝나곤 한다.

> 그랑베르쥬는 똥구멍과 보지를 드러내고
> 그의 얼굴 위에 쭈그리고 앉았다.
> 똥구멍에서 엄청난 양의 똥이 떨어진다.
> 오디졔르가 똥더미에 누워 있는 동안
> 그랑베르쥬는 그의 위로 올라가 발목을 훔친다.
> 자기 똥구멍이 깨끗하게 닦일 때까지 그녀는 그곳에 그가 두 번 입맞춤하게 한다.16)

이것은 민속신앙에 모두 그 전례가 있는 자궁으로의 퇴행이나 신참자에 대한 시험이 아니다. 오히려 기사도적 모험에 포함된 내기[도박]의 대담한 역전이며, 더 일반적으로는 궁정식 사랑의 대상을 성스러운 것으로 이름 높은 영역에서 느닷없이 똥더미라는 세속적인[신성모독적인]^{profana} 자리로 끌어내리는 대담한 역전이다. 심지어 이 시집의 무명작가는 기사도 문학과 연애시에 이미 현존했던 패러디의 의도를 노골적으로 밝혔을 뿐이라고도 할 수 있다. 성스러운 것과 세속적인 것,

사랑과 섹스, 고상한 것과 저속한 것을 가르는 문턱을 혼란에 빠뜨리고 식별불가능하게 만들기 위해서.

『아르투로의 섬』 앞에 헌사처럼 붙은 시는 소설의 무대(유년기?)인 "천국의 작은 섬"과 림보가 대응한다는 점을 분명히 한다. 그러나 여기에는 "림보 바깥에는 그 어떤 엘뤼시움*도 없다"[17)]는 쓰라린 문구가 덧붙어 있다. 행복이 패러디의 형태로만 존재할 수 있다는 것을 암시하기에 이 문구가 쓰라린 것이다(즉, 엘뤼시움으로서가 아니라 림보로서만 존재할 수 있다는 것이다. 그리고 이것은 장소의 또 다른 교환이다[18)]).

림보에 관한 신학 논고들을 읽어보면 교부들이 '제1원'[첫 번째 고리]'**을 천당과 지옥, 지복뿐만 아니라 단죄의 패러디로 여겼음에는 의문의 여지가 없다. 축복받은 자들과 마찬가지로 무죄이지만 스스로 원래의 오점[원죄]$^{la\ macchia\ originale}$을 안고 있는 피조물들(세례를 받기 전에 죽은 어린아이들이나 세례를 알지 못했던 의로운 이교도들)을 포함하고 있는 한, 그곳은

---

* Elysium. 그리스-로마 신화에서 말하는 저승의 행복한 처소. 처음에는 신들의 호의로 불멸을 얻은 자들이 가는 곳이었으나 차츰 축복받은 망자들과 의로운 삶을 살았던 자들이 가는 곳으로 간주됐다.
** il primo cerchio. 림보를 뜻한다. 단테는 지옥이 모두 9개의 구역으로 나뉘어 있다고 상상했는데 이 구역을 '원'으로 표현했다. 단테의 『신곡』 중 「지옥편」 제1곡의 무대가 바로 이곳으로서, 림보는 지옥의 '입구'에 해당하며 제2원(탐욕을 저지른 자들이 있는 곳)부터가 진짜 지옥이다. '제1원'이라는 표현은 제4곡(24~45)에서 나온다. 단테 알리기에리, 한형곤 옮김, 『신곡』, 서해문집, 2005, 69~70쪽.

천국의 패러디이다. 하지만 가장 아이러니한 패러디의 계기는 지옥과 관련된다. 신학자들에 따르면 림보의 거주자들이 겪는 벌은 지옥에 떨어진 자들에게 예약된 것과 똑같은 고통스러운 벌이 아니라, 신을 영원히 인식할 수 없다는 결핍의 벌이다. 지옥의 형벌 중 첫 번째를 구성하는 이런 [인식의] 결여가 지옥에 떨어진 자들과 달리, 림보의 거주자들에게는 아무런 고통도 야기하지 않지만 말이다. 이들은 자연적인 인식만을 갖고 있을 뿐 세례에서 파생된 초자연적인 인식을 갖고 있지 않기에, 최고선의 결여는 이들에게 일말의 후회조차도 느끼게 하지 않는다. 그러므로 림보의 피조물들은 가장 큰 형벌을 자연적인 기쁨으로 뒤집는데, 이런 기쁨이야말로 패러디의 극단적이고 특별한 형태이다. 하지만 그렇기에 모란테가 봤듯이, 슬픔의 장막이 난공불락의 이 섬을 에워싸 "점점 희미해져서 뿌연 점이 되도록 만든다."19) 아말피 출신의 남자가 연 동성애 잔치의 기억과 더불어 그 이름 자체가 어린아이들의 림보를 떠올리게 하는 '괄리오니의 집'*은 순진무구함의 패러디이다.

---

* La casa dei guaglioni. 『아르투로의 섬』에서 아말피(이탈리아 캄파니아 주의 항구도시) 출신의 노인 로메오가 살았던 집. '괄리오니'는 '어린 남자아이/청년'(guaglione)을 뜻하는 나폴리 방언인데, 여자를 혐오하는 로메오가 자기 집에서 "여자들은 절대로 들어오지 못하는" 파티를 열곤 했다. 그래서 섬의 여자들이 로메오의 집을 심술궂게도 '괄리오니의 집'이라고 불렀다. 로메오가 죽은 뒤 이 집은 아르투로의 아버지 소유가 됐고, 아르투로가 바로 여기에서 태어난다. 모란테, 『아서의 섬』, 17~32쪽.

특별한 의미에서 이탈리아의 문학 전통 전체가 패러디라는 기호 아래에 놓여 있다. 굴리엘모 고르니[20]는 어떻게 패러디(여기서는 진지한 형태의 패러디)가 단테의 문체를 구성하는 핵심 요소인가를 보여줬다. 고르니에 따르면 단테의 문체는 그 자신이 재생하려는 성스러운 글[성경]$^{sacra\ scrittura}$의 구절들과 그 위엄성에서 거의 대등한 분신을 생산하려고 한다.[21] 그러나 이탈리아 문학에서 패러디는 훨씬 더 내밀한 것을 요구한다. 모든 시인은 자기 언어에 매료당한다. 하지만 보통 그토록 완벽하게 그들의 마음을 빼앗고 사로잡은 것들(신적인 것, 사랑, 선, 도시, 자연 등)은 언어를 통해서 그들에게 드러난다. 그런데 이탈리아 시인들과 더불어 어떤 특이한 일이 일어나기 시작한다. 적어도 어떤 순간부터. 그들은 자기 언어에만 푹 빠져 있는데, 이 언어는 그들에게 자기 자신만을 드러내 보여준다. 바로 이것이 특이한 어떤 것, 즉 이탈리아 시인들이 자기 언어를 사랑하는 것만큼이나 증오한다는 사실의 원인(어쩌면 결과)이다. 이 때문에 그들에게 패러디란 단순히 다소 희극적인 내용을 진지한 형태에 삽입하는 것이 아니다. 오히려 그들은 언어 자체를 패러디한다. 그러므로 패러디는 언어 속에 어떤 균열을 도입한다. 혹은 같은 말인데, 언어(따라서 사랑) 속에서 어떤 균열을 발견한다. 이런 의미에서 이탈리아 문예 문화의 고질적인 이중언어주의(라틴어와 속어, 그리고 라틴어가 점차 쇠퇴한 훗날에는 죽은 언어와 산 언어, 문어와 구어의 균열)

는 확실히 패러디의 기능을 갖고 있다. 단테에게서 볼 수 있는 문법어[라틴어]와 모국어의 대립처럼 시적인 구성방법에서든, 『폴리피오의 사랑싸움 꿈』22)에서처럼 애가哀歌조의 고루한 형식에서든, 아니면 테오필로 폴렌고23)에게서처럼 조야한 형식에서든, 각각의 경우에 본질적인 것은 언어 속에 어떤 긴장과 격차를 도입할 수 있는 능력이다. 패러디가 그 중심 동력으로 사용하는 긴장과 격차 말이다.

20세기 문학에서 이런 긴장의 결과를 보여주는 것은 어렵지 않다. 패러디는 하나의 문학 장르에서, 문학이 자신을 표현하는 언어적 매체의 구조 자체로 나아간다. 일종의 내적인 '불협화음'으로서의 이런 이원론을 언어에 동원하는 작가들(카를로 에밀리오 가다24)와 조르조 만가넬리25))은 운문이나 산문에서 노래가 거주할 수 있는 장소가 없음을 패러디적으로 경축하는 작가들(조반니 파스콜리,26) 그리고 다른 방식이긴 하지만 모란테와 토마소 란돌피27))과 대조될 수 있다. 그렇지만 두 경우 모두 우리는 (언어 곁에서만, 그리고 노래 곁에서만) 노래한다(그리고 말한다)는 것을 당연하게 생각한다.

만일 패러디의 본질적인 전제가 대상의 획득불가능성이라면, 트루바두르들과 청신체파淸新體派*의 시는 의심할 여지없이

---

* stilnovisti. 13세기 이탈리아에서 '새롭고 감미로운 문체'(dolce stil novo/stilnovismo)를 추구한 시인들을 지칭하는 말. 언어의 이중적 의미, 풍성한 은유와 상징을 통한 생생한 묘사가 특징이다. 단테가 대표적이다.

트루바두르들(troubadours)은 중세, 특히 1100~1359년 프랑스 남부에서 활약한 음유 서정시인들로서 트로바르 클루스(trobar clus)라는 독특한 시 형태를 발전시켰다. 복잡한 격률을 사용하고, 의미보다 음을 중시하며, 애매한 조사법(措辭法)이 특징인 이들의 시는 훗날 이탈리아에서 등장한 청신체파에 막대한 영향을 끼쳤다.

패러디의 의도를 포함하고 있다. 이것은 그 형식성의 복잡하고 유치한 성격을 동시에 설명해준다. 『머나먼 사랑』**은 연을 맺고자 하는 상대에게 가까이 갈 수 없음을 보증하는 패러디

** *L'amor de lonh*. 프로방스의 음유시인 뤼델(Jaufré Rudel, 1113~1170)의 작품. 주인공인 화자는 삶의 쾌락에 권태를 느끼고 진정한 사랑을 갈구하게 된다. 한 순례자를 통해 천상의 피조물 같은 여인이 존재한다는 사실을 알게 된 화자는 그 순례자를 통해 여인에게 연락을 건네고 그녀를 만날 결심을 한다. 그러나 화자는 여인을 만나러 가는 도중 병에 걸려 죽어가게 되고, 우여곡절 끝에 여인의 품 안에서 생을 마감한다.

이다. 이 점은 언어의 수준에서도 진실이다. 운율의 까다로움과 트로바르 클루스는 언어에 수준의 차이와 양극성^{polarità}[긍정과 부정이 동시에 나열되어 대립하는 것]을 수립해 의미작용을 미해결된 긴장의 장으로 뒤바꿔버린다.

그러나 양극적 긴장은 에로틱한 장면에서도 출현한다. 종종 똑같은 인물에게서 가장 세련된 영성과 나란히 외설적이고 익살스런 충동을 발견하게 되면 늘 놀라게 마련이다(그 전형이 아르노 다니엘[28])로서 그의 외설적인 시르방트*는 학자들의 끊임없는 난제였다). 강박적으로 사랑의 상대와 적절한 거리를 유지하는 시인은 자신의 의도를 체계적으로 뒤집은 패러디 작가와 공생적 관계를 맺으며 살아간다.

근대의 연애시는 패러디의 애매한 깃발 아래에서 생겨난다. 트루바두르의 전통에 단호히 등을 돌린 프란체스코 페트라르카의 『칸초니에레』[29]는 패러디로부터 시를 구하려는 시도이다. 페트라르카의 공식은 간단하면서도 효과적이다. 언어와 관련해서는 통합적인 단일언어주의(라틴어와 속어는 더 이상 소통할 수 없는 지점으로까지 분리되고 운율의 수준차도 폐지된다)를 적용하고, 이에 덧붙여 사랑하는 상대에게 가까이 갈 수

---

* sirventés. 트루바두르들이 즐겨 지은 장르로서 독특한 방언(오크어)을 써서 하인, 용병 등 천한 사람들의 시각으로 당대의 도덕적인 문제를 풍자하거나 비판했다. 대표 시인으로는 프랑스 리무쟁 출신의 귀족 트루바두르인 드 보른(Bertran de Born, 1140~1215)이 있다.

없음을 제거한 것이다(물론 실제적 의미에서는 아니다. 오히려 페트라르카는 가까이 갈 수 없는 것을 주검으로, 심지어 유령으로 만들어버리는 방식을 썼다30)). 패러디할 수 없는 것인 '죽은 대기/공기'**가 이제 시의 고유한 대상이 된다. 이렇게 패러디가 퇴장하고, 문학이 시작된다.^{Exit parodia. Incipit literatura}

그러나 억압된 패러디는 병리적 형태로 재등장한다. [페트라르카가 사랑한] 로르31)의 첫 번째 전기를 쓴 인물이 사드 후작의 선조(그가 로르를 자신의 가계도에 포함시켰다)라는 사실은 그저 얄궂은 우연의 일치인 것이 아니다. 이 사실은 저 거룩한 후작의 작품이 『칸초니에레』의 가장 무자비한 파기라고 선언한다. 포르노그래피는 [그 관람객이] 그 자체의 환상에 도달할 수 없도록 만든다. 바로 그 환상을 더 가까이 들이미는 것과 똑같은 몸짓을 통해서, 즉 참고 쳐다보기가 힘들게 만드는 방식으로 말이다. 이와 같은 포르노그래피는 패러디의 종말론적 형식이다.

비평가 프랑코 포르티니32)는 '진지한 패러디'의 정식을 모란테뿐만 아니라 피에르 파올로 파졸리니에게도 적용하자고 말한다. 포르티니는 파졸리니의 후기작을 모란테의 작품과 가까이에 놓고 읽기를 권한다. 이 주장은 더 발전될 수 있다. 어

** l'aura morta. 『신곡』의 「연옥편」 중 제1곡에 나오는 표현. '지옥의 어두운 공기'를 지칭한다. 단테, 『신곡』, 344쪽.

떤 곳에서 파졸리니는 모란테와 대화를 나눌 뿐만 아니라(얄궂게도 파졸리니는 자기 시에서 모란테를 여제$^{\text{Basilissa}/女帝}$라고 부른다33)), 모란테의 작품을 다소 의식적으로 패러디하기도 했다. 사실 파졸리니도 모란테를 좇아 언어적 패러디를 시작했다(파졸리니는 프리울리[이탈리아의 동북부 지방] 방언을 사용한 시를 짓기도 했고, 로마 방언을 앞뒤 맞지 않게 사용하기도 했다). 비록 영화로 옮기며 패러디를 내용 면에서 전위시켰고, 패러디에 형이상학적인 의미를 띠게 했지만 말이다. 언어와 마찬가지로 삶/생명도 그 내부에 균열을 갖고 있다(그리스도교적 세계를 깊게 특징짓는 삶/생명과 말의 신학적 등가를 고려하면 이런 유비는 놀랍지 않다). 시인은 [모란테의 미출간 소설 제목을 인용하면] "종교의 위안이 없이도" 살 수 있지만 패러디 없이는 살 수 없다. 모란테의 움베르토 사바[34] 숭배는 파졸리니의 산드로 펜나[35] 숭배에 대응한다. 즉, "모란테의 경우 생명력에 대한 긴 찬사"는 생명 3부작*에 대응한다. 세계를 구해야만 하는 천사 같은 소년들은 니네토 다볼리**의 성화$^{\text{sanctification}/聖化}$에 대응한다. 두 경우 모두 패러디의 근거 자체에 표상불가능

---

* La trilogia della vita. 말년의 파졸리니가 소설에 근거해 만든 영화 3편을 통칭해 부르는 표현. 『데카메론』(Il Decameron, 1971), 『캔터베리 이야기』(I racconti di Canterbury, 1972), 『천일야화』(Il fiore delle Mille e una notte, 1974)가 그 영화들이다.

** Ninetto Davoli(1948~). 이탈리아의 영화배우. 파졸리니와 총 11편의 영화를 함께 한 파졸리니의 '페르소나'이다. 생명 3부작에도 출연했다.

한 어떤 것이 있다. 마지막으로, 여기서도 포르노그래피는 그 묵시록적 기능을 가지고 나타난다. 이런 관점에서 보면 파졸리니의 『살로, 또는 소돔의 120일』[36]을 모란테의 『역사』[37]에 대한 패러디로 읽는 것이 불합리한 일은 아닐 것이다.

패러디는 문학을 변별가능케 해주는 특징을 이뤄온 허구와 늘 특별한 관계를 유지한다. 모란테의 시집 『알리바이』(1958)에 수록된 가장 아름다운 시 하나는 허구에 바쳐져 있다(그리고 모란테는 자신이 허구의 명수라는 것을 알았다). 이 시는 음악적 테마를 응축하며 이렇게 선포한다. "너, 허구, 허깨비 같은 옷으로, 나는 나를 꾸미네."[38] 그리고 파졸리니에 따르면, 모란테의 언어 자체가 순전한 허구이다(그 언어는 "이탈리아어가 존재하는 체한다"). 사실 패러디는 허구와 일치하지 않을 뿐더러 정반대를 이룬다. 패러디는 허구와 달리 대상의 실재성을 의문시하지 않기 때문이다. 오히려 패러디에게 그 대상은 참을 수 없을 만큼 실재적이기 때문에 패러디는 그것과 필연적으로 거리를 두게 된다. 허구의 "마치 ~이듯이"에 대해 패러디는 "너무도 ~하다"(혹은 "마치 ~이 아닌 듯이")를 과감히 대립시킨다. 따라서 허구가 문학의 본질을 규정한다면 패러디는 이른바 문학의 문턱에 서 있다. 현실과 허구, 말과 사물의 사이에서 좀체 굽힘없이 중지된 채로 말이다.

어쩌면 창작활동의 이 두 대칭적인 극들 사이의 근친성(뿐만 아니라 거리)을 파악할 수 있는 최상의 장소는 베아트리체에서 로르로 향해가는 경로일 것이다. 확실히 단테는 자신이 사랑한 상대의 죽음을 허용함으로써 투르바두르들의 시를 넘어가는 한걸음을 내딛었다. 그러나 단테의 몸짓은 여전히 패러디적인 채로 있다. 요컨대 베아트리체의 죽음은 일종의 패러디이다. '베아트리체'라는 이름을 지닌 저 죽은 피조물로부터 그 이름을 떼어냄으로써, 그 축복받은 본질을 다시 그러모을 수 있는 패러디. 이로부터 애도의 절대적인 결여, 그리고 결국에는 죽음보다는 사랑의 승리가 있게 되는 것이다. 하지만 투르바두르들과 청신체파 시인들에게 로르의 죽음은 사랑의 상대에 대한 패러디적 일관성의 죽음이다. 그러므로 그 대상은 [죽은] '대기/공기,' 음성의 숨소리가 될 뿐이다.[39]

이런 의미에서 작가들은 크게 두 개의 부류 중 어느 하나에 자신을 기입하는 방식에 따라서 스스로를 구별한다. 바로 패러디냐 허구냐, 또는 베아트리체냐 로르냐가 그것이다. 그러나 중간의 해결책 역시 가능하다. 즉, 우리는 허구를 패러디할 수 있거나(이것이 모란테의 사명이다), 아니면 패러디를 꾸며낼 수 있다(이것이 만가넬리와 란돌피의 몸짓이다).

패러디의 형이상학적 사명을 더 추적해 그 몸짓이 극단에 이르게 한다면, 우리는 그것이 존재에 있어서 이중의 긴장을 전제로 한다고 말할 수 있다. 즉, 언어에서의 패러디적 균열은 존재의 이중화에 필연적으로 대응할 것이다 —— 존재론은 곁-존재론^{paraontologia}에 대응할 것이다. 알프레드 자리는 언젠가 자신이 사랑하는 어린아이 '파타피직스'를 메타피직스, 그러니까 형이상학 위에 덧붙여진 학문이라고 정의한 바 있다.[40] 똑같은 방식으로 패러디란 언어와 존재의 곁에 있는 것에 관한 이론(그리고 실천)이라고 말할 수 있다. 혹은 모든 존재와 담론의 자신의-곁에-있음이라고 말할 수 있다. 적어도 근대적 사유에서 형이상학이 감각적 경험의 옆에 있는(그러나 철저히 비어 있는 채로 있어야만 하는) 공간의 패러디적 열림으로서만 가능하듯이, 패러디는 피할 수도 없고 그로부터 도주할 수도 없는 한계와 아포리아에 여행자들이 끊임없이 부딪치게 만드는, 통행할 수 없기로 악명 높은 영역이다.

만일 존재론이 언어활동과 세계의 잘 어울리는 관계라고 한다면, 곁-존재론으로서의 패러디는 언어가 사물에 도달할 수 없고 사물이 자신의 이름을 찾아내는 것이 불가능함을 표현한다. 그러므로 패러디의 공간(이것이 문학이다)은 필연적이고도 신학적으로 애도에 의해, 그리고 찡그린 얼굴표정에 의해 표시된다(논리학의 공간이 침묵에 의해 표시되듯이 말이다). 그렇지만 이런 방식으로 패러디는 언어활동의 유일하게 가능한 진리처럼 보이는 것을 증언한다.

스칼리제로는 패러디를 정의하면서 어디에선가 파라바시스를 언급한다. 그리스 희극의 전문용어로 파라바시스(또는 파렉바시스parekbasis)는 배우가 무대에서 퇴장하고 합창단이 관객들에게 직접 향하는 순간을 가리킨다. 이렇게 하기 위해서, 청중에게 말하기 위해서 합창단은 로게이온^{logeion}이라 불리는 무대의 앞쪽으로, 대화의 장소로 이동한다^{parabaino}.

파라바시스의 몸짓에서 상연은 중단되며 배우와 관객, 작가와 청중은 서로 역할을 바꾼다. 여기에서 무대와 현실의 긴장은 누그러지며, 패러디는 어쩌면 자신의 유일한 해결책과 마주하게 된다. 파라바시스는 패러디의 지양이다. 즉, 위반인 동시에 완수인 것이다. 이 때문에 예술을 아이러니하게 초극$^{superamento/超克}$할 수 있는 모든 길을 항상 주시한 프리드리히 슐레겔은 연극이 자신을 넘어서서 소설, 특히 낭만주의적 형식의 소설에 도달하는 지점으로 파라바시스를 간주한다. 친밀하고 패러디적으로 나뉜 무대 위의 대화는 [무대] 곁에 (로게이온이 물리적으로 표상하는) 하나의 공간을 연다. 그래서 그 대화는 오로지 교환, 즉 단순히 인간적인 대화가 된다.

이와 마찬가지로 문학에서는 [독자의 이름을 부르는] 시인의 저 유명한 호명["그대, 독자여!"]에서처럼 화자의 목소리가 독자에게 향하는 것이 곧 파라바시스이며, 패러디의 중단이다. 이런 관점에서 미겔 데 세르반테스에서 모란테에 이르기까지 근대 소설에서 파라바시스가 행한 탁월한 기능을 성찰해볼 필요가 있다. 자신이 있는 장소와 대열에서 불려나가 넋이 나간 독자는 저자가 있는 장소가 아니라 세계들-사이의-공간에 들어가게 된다. 실제로 패러디, 즉 노래와 말, 언어활동과 세계의 균열이 인간의 말이 들어설 제자리가 없음을 추도하는 것이라면, 파라바시스에서는 이처럼 심장을 쥐어뜯는 비-장소^{atopia}가 한순간 덜 고통스럽게 되고 상쇄되어 마치 고향처럼 되어버린다. 아르투로가 자신의 섬에 대해 말하듯이 말이다. "나는 오히려 그 섬이 처음부터 존재하지 않았던 것처럼 생각하고 싶어. 섬이 더 이상 보이지 않을 때까지 쳐다보지 않을 거야. 그때가 되면 알려줘."[41]

6 욕망하기
Desiderare

욕망하기보다 더 단순하고 더 인간적인 것은 없다. 그렇다면 어째서 우리 자신의 욕망을 스스로에게 고백할 수 없을까? 어째서 우리의 욕망을 말로 옮기는 것이 그다지도 어려운 것일까? 사실 그렇게 하기란 너무나도 어렵기 때문에 우리는 결국 우리의 욕망을 감춰버리곤 한다. 우리 안의 어딘가에 지하실을 축조해 거기에서 우리의 욕망을 방부 처리하고, 보류시키고, 기다리게 하면서 말이다.

우리가 우리의 욕망을 언어화할 수 없는 것은 우리가 그것을 이미지로 만들었기 때문이다. 실제로 [우리가 만든] 이 지하실은 아직 읽는 법을 모르는 유아용 그림책처럼, 문맹자를 위한 에피날 판화1)처럼 이미지만을 담고 있다. 욕망의 몸통[본체]은 이미지이다. 그리고 우리가 욕망 속에서 고백할 수 없는 것은 우리가 우리 자신을 위해 만들었던 이미지이다.

자신의 욕망을 이미지 없이 누군가에게 전달하는 것은 야만적이다. 자신의 이미지를 자신의 욕망 없이 누군가에게 전달하는 것은 지루하다(자신의 꿈이나 자신의 여행을 자세히 말하는 것처럼). 하지만 이 둘은 모두 쉽게 할 수 있다. 다른 한편, 이미지화된 욕망과 욕망된 이미지를 전달하는 것은 훨씬 어려운 과제이다. 그리고 바로 이 때문에 우리는 그것을 뒤로 미룬다. 욕망이 영원히 충족되지 않은 채로 남아 있을 것이라는 점을 이해하기 시작할 때까지. 그리고 이처럼 고백되지 않은 욕망이 바로 우리 자신, 즉 [우리가 만든] 지하실의 영원한 죄수라는 점을 이해하기 시작할 때까지.

메시아는 우리의 욕망을 위해 온다. 메시아는 우리의 욕망을 충족시키기 위해서 욕망을 이미지로부터 떼어낸다. 아니 오히려, 우리의 욕망이 이미 충족됐음을 보여주기 위해서. 우리가 이미지로 만들었던 것이 무엇이든, 우리는 이미 갖고 있다. 거기에는 이미 충족된 것의 (충족될 수 없는) 이미지가 남아 있다. 메시아는 충족된 욕망으로 지옥을 축조한다. 그리고 충족될 수 없는 이미지로는 림보를 축조한다. 그리고 이미지화된 욕망으로, 순수한 말로, 천국의 지복을 만든다.

7 스페키에스적 존재
L'essere speciale

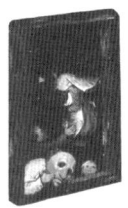

중세 철학자들은 거울에 매료됐다. 특히 그들은 거울 속에 나타난 이미지의 본성에 관해 물었다. 이 이미지는 어떤 존재(아니면 비존재)인가? 이것은 물체인가 비물체인가, 실체인가 우유[우연적 속성]$^{accidenti/偶有}$인가? 이것은 색, 빛, 또는 그림자와 동일시되어야 하는가? 이것은 장소 운동$^{movimento\ locale}$을 하는가? 그리고 어떻게 거울은 그 형태를 수용하는가?

확실히 이미지라는 존재는 아주 각별한 것이었음에 틀림없다. 만일 이미지가 단순히 물체나 실체일 뿐이라면, 이미지는 거울이라는 물체가 이미 차지하고 있는 공간을 어떻게 차지할 수 있었을까? 만일 이미지의 장소가 거울이라면, 거울의 장소를 바꿈으로써 이미지의 장소를 바꿀 수 있지 않겠는가?

무엇보다 이미지는 실체가 아니다. 이미지는 어떤 장소로서의 거울이 아니라 기체基體로서의 거울 속에서 발견되는 우유이다.[1] 중세 철학자들에게 어떤 기체-속에-있음이란 실체가 없는 것의 존재방식이다. 즉, 그것은 그 자체로 존재하는 것이 아니라 다른 어떤 것 속에서 존재하는 것이다(사랑의 경험과 [사랑의] 이미지 사이의 근접성을 생각해보면, 단테 알리기에리와 귀도 카발칸티[2]가 모두 동일한 방식으로 사랑을 "실체 속의 우유"[3]라고 정의했다는 것은 놀라운 일이 아니다).

이미지의 이런 비실체적 본성에서 두 가지 특징이 나온다. 이미지는 실체가 아니기 때문에 그 어떤 연속적인 실재성도 소유하지 않으며, 어떤 장소 운동을 통해 움직인다고 말할 수도 없다. 오히려 이미지는 그것을 관조하는 사람의 이동이나 현존에 따라 매 순간 발생된다. "빛이 발광체의 현존에 따라 항상 새롭게 창조되듯이, 거울 속의 이미지 역시 보는 자의 현존에 따라 매번 발생된다."[4]

이미지는 연속적인 발생semper nova generatur에 의해 존재한다. 즉, 이미지는 실체가 아니라 발생에 속한다. 신을 찬양하는 노래를 부르자마자 곧바로 무無에 빠져드는 탈무드 속의 천사들처럼 이미지는 매 순간 새롭게 창조된다.

이미지의 두 번째 특징은 이미지가 양量의 범주에 따라 결정될 수 없다는 것이다. 엄밀히 말하면 [거울에 비쳐진] 이미지는 어떤 형상이나 이미지가 아니라 "이미지와 형상의 상"species imaginis et formae이다. 우리는 그 자체로 이미지가 길거나 크다가 아니라 "길이와 폭의 상을 가질 뿐"5)이라고만 쓸 수 있다. 따라서 이미지의 차원은 측정될 수 있는 양이 아니라 상species/像, 존재의 양태, '외관'habitus vel dispositiones/外觀일 뿐이다. 어떤 '외관'이나 에토스만을 지시할 수 있다는 이 특징이야말로 '기체-속에-있음'이라는 표현의 가장 흥미로운 함의이다. 기체 속에 있는 어떤 것은 상, 사용, 몸짓의 형태를 띤다. 그것은 결코 사물이 아니라 오로지 "사물의 상"specie di cosa이다.

라틴어 단어 스페키에스species는 '외관/나타남'parvenza, '모습/겉면'aspecto이나 '광경/시선'visione을 뜻한다. 원래 '응시하다'guardare 혹은 '보다'vedere를 뜻하는 어근에서 파생된 이 용어의 어근은 '거울'speculum, '이미지/유령'spectrum, '투명한/분명히 보이는'perspicuus, '아름다운/자신을 보이게 만드는'speciosus, '견본/기호'specimen, '스펙터클'spectaculum에서도 발견된다. 철학 용어로 쓰이는 경우 스페키에스는 그리스어 에이도스eidos를 번역하기 위해 사용됐다(게노스[유]genos/類를 번역하기 위해 게누스genus가 사용됐듯이 말이다). 그 뒤로 이 용어는 자연과학적 의미(동물이나 식물의 '종')뿐만 아니라 교역용어의 의미를 띠게 된다. 후자의 경우 이 용어는 '상품'(특히 '약초,' '향신료'spezie)을, 나중에는 현금espèces을 의미하게 된다.

이미지는 스페키에스, 즉 가시성이나 나타남을 본질로 하는 존재이다. 그 본질이 [사람들의 눈에] 보이게 되는 그 존재함과 일치한다면, 다시 말해서 그 상과 일치한다면, 그 존재는 스페키에스적이다.

스페키에스적 존재는 완전히 비실체적이다. 그것은 고유한 장소를 갖지 않으며, 기체 속에서 나타난다. 그리고 이런 의미에서 하나의 외관 또는 존재의 양태와 같으며, 거울 속의 이미지와 같다.

각 사물의 스페키에스는 그 사물의 가시성, 즉 순수한 이해 가능성이다. 자신의 보이게 되기와 일치한다면, 자신의 드러냄과 일치한다면, 그 존재는 스페키에스적이다.

거울은 우리가 이미지를 갖고 있다는 것, 그와 동시에 이 이미지가 우리로부터 분리될 수 있다는 것, 우리의 스페키에스나 이마고가 우리에게 속하지 않는다는 것을 깨닫는 장소이다. 이미지를 지각하는 것과 그 속에서 우리 자신을 재인하는 [알아보는] 것 사이에는 간극이 있는데, 중세 시인들은 이 간극을 사랑이라고 불렀다. 이런 의미에서 나르키소스의 거울은 사랑의 원천이며, 이미지가 우리의 이미지이자 우리의 이미지가 아니라는 미증유의 가혹한 깨달음이다.

만일 이 간극이 제거된다면, (설령 한순간일지라도) 우리가 이미지 속에서 오인되거나 사랑받지 못한 채 자신을 재인한다면, 그것은 더 이상 사랑할 수 없다는 것을 뜻한다. 그것은 우리가 우리 자신의 스페키에스의 주인이며 우리가 그것과 일치한다고 믿는다는 뜻이다. 만일 지각과 재인 사이의 간극을

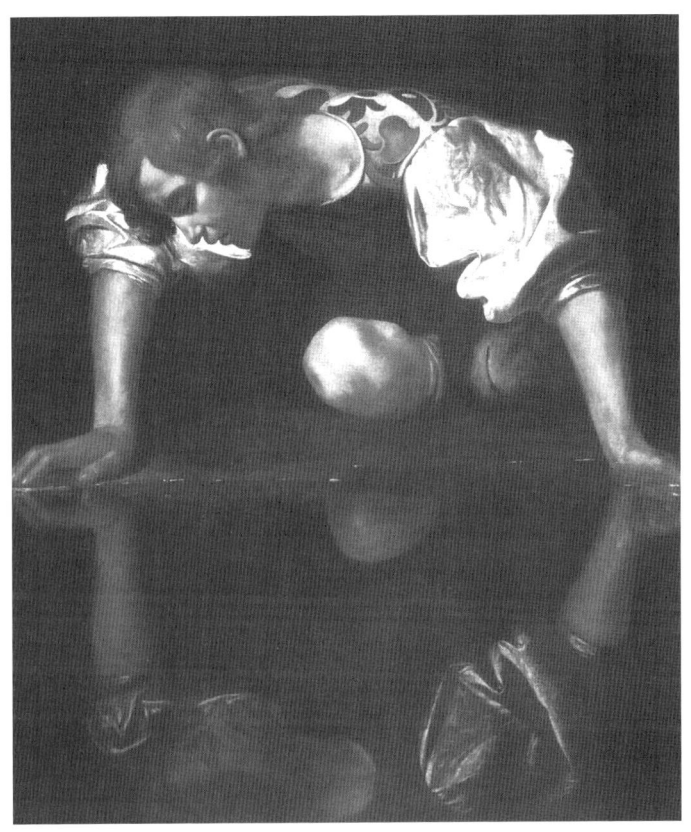

이탈리아의 화가 미켈란젤로 카라바지오(1571~1610)가 그린 「나르키소스」(1597~99).

무한정 늘이게 된다면, 이미지는 환상으로 내면화되고 사랑은 심리학이 되어버린다.

중세 시대에는 스페키에스가 인텐티오^{intentio}, 즉 의도라고 불렸다. 이 용어는 각 존재가 이미지가 되게끔 하고, 자기 자신과 소통하게끔 만드는 그 내부의 긴장$^{intus\ tensio}$을 가리킨다.

스페키에스는 각 존재가 자기 자신을 욕망하고, 자기 자신의 존재함 속에서 스스로를 보존하고, 자기 자신과 소통하고자 욕망할 때의 긴장, 사랑에 다름 아니다. 이미지 속에서 존재와 욕망, 실존과 코나투스는 완전히 일치한다. 다른 존재를 사랑한다는 것은 그것의 스페키에스를 욕망한다는 것, 즉 그 존재가 자신의 존재함 속에서 스스로를 보존하고자 욕망할 때의 욕망을 욕망한다는 것을 뜻한다. 이런 의미에서 스페키에스적 존재는 공통의 존재 또는 일반적인^{generico} 존재이며, 이것은 인류의 이미지 또는 얼굴 같은 것이다.

스페키에스는 일반을 세분하지 않는다. 그저 일반을 노출한다. 욕망하고 욕망되는 존재는 스페키에스가 되며, 일반 내부에서 자신을 가시적으로 드러낸다. 스페키에스적 존재란 오로지 그것에만 배타적으로 속하는 이러저러한 성질에 의해 규정되는 개체를 뜻하지 않는다. 그와 반대로 스페키에스적 존재란 임의의 존재$^{essere\ qualunque}$, 다시 말해 자신의 성질들 중 그 어떤 것으로도 자신을 규정하지 못하게 하면서 그 성질들을 일반적이고 무차별적으로 고수하는 그런 존재이다.

"임의의 존재가 바람직하다"는 것은 동어반복이다.

스페키오수스^{speciosus}는 원래 '아름다운'이라는 뜻이었고 **나중에야** '진실하지 않은/자신을 보이게 만드는'이라는 뜻을 갖게 됐다. 스페키에스는 원래 가시적이게 만드는 것으로 정의됐고, **나중에야** 분류와 등가의 원리가 됐다. 그리고 '스페키에스하다'far specie는 것은 (부정적인 의미에서) "놀라게 하다, 경악케 하다"는 뜻이지만, 개체들이 하나의 종을 구성한다는 사실은 사람들을 안심시키기 마련이다.

스페키에스라는 용어의 이런 이중적 의미보다 더 교훈적인 것은 없다. 스페키에스는 자신을 시선에 드러내고 소통하는 것이며, 가시적으로 만드는 것인 동시에 하나의 동일성을 구성할 수 있게끔 어떤 실체와 종별적인 차이 속에서 고정될 수 있는(그리고 모든 대가를 치러서라도 고정되어야만 하는) 것이기도 하다.

원래 페르소나persona란 '가면,' 즉 탁월하게 '스페키에스적인' 어떤 것을 뜻한다. 그리스도교 신학자들은 가면을 하나의 실체에 연결시키면서(하나의 실체 속에 존재하는 세 개의 페르소나[즉, 삼위일체]) 그리스어의 휘포스타시스hypostasis/位格를 번역하기 위해 이 말을 사용했다. 이 사실보다 더 분명하게 인격persona에는 신학적, 심리학적, 사회적 과정이라는 의미가 투여되어 있다는 점을 보여주는 것은 없다. 인격은 스페키에스를 포획해 자신이 동일화할 수 있는 어떤 실체에 자신을 정박시키는 것이다. [그래서] 신분증명서에는 사진(또는 스페키에스를 포획하는 또 다른 장치)이 포함되는 것이다.

확실히 모든 곳에서 스페키에스적인 것은 인격적인 것으로 환원되고, 인격적인 것은 실체적인 것으로 환원된다. 스페키에스가 동일성과 분류의 원리로 변형된다는 것이 우리 문화의 원죄이며, 우리 문화의 가장 무자비한 장치^{dispositivo}이다. 자신의 특별함^{specialità}을 희생하는 대가를 치러야만(그리고 동일성과 관계를 맺어야만) 그 무엇은 인격화된다. 하나의 존재(하나의 얼굴, 하나의 몸짓, 하나의 사건)는 다른 **어떤** 것도 닮지 않으면서 다른 **모든** 것을 닮을 때 스페키에스적이다. 스페키에스적 존재가 흥겨운 까닭은 그것이 자기 자신을 공통의 사용에 탁월하게 내놓을 뿐, 인격적 소유의 대상일 수는 없기 때문이다. 하지만 인격적인 것과 더불어서는 사용도 향유도 가능하지 않다. 거기에는 그저 전유와 질투만이 있을 뿐이다.

질투하는 자는 스페키에스적인 것을 인격적인 것과 혼동한다. 야만스러운 자는 인격적인 것을 스페키에스적인 것과 혼동한다. 어린 딸은 자기 자신을 질투한다. 영리한 아내는 자기 자신을 야만적으로 다룬다.

스페키에스적 존재는 자기 자신의 소통가능성만을 소통할 뿐이다. 그러나 이런 소통가능성은 자기 자신으로부터 분리되며, 하나의 자율적 영역에서 구성된다. 스페키에스적인 것은 스펙터클로 변형된다. 스펙터클은 일반적인 존재의 분리이다. 즉, 사랑의 불가능성과 질투의 승리인 것이다.

8 몸짓으로서의 저자
L'autore come gesto

1969년 2월 22일, 미셸 푸코는 프랑스철학회의 회원들과 초대 손님들 앞에서 「저자란 무엇인가?」라는 강연을 했다.[1] 이보다 3년 전에 출판된 『말과 사물』이 푸코를 단숨에 유명하게 만들었기 때문에, 청중들(여기에는 강연자를 소개한 장 발을 비롯해 모리스 드 강디약, 뤼시엥 골드만, 자크 라캉 등이 포함되어 있었다) 사이에서는 공고된 강연 주제에 대한 기대감과 세속적인 호기심을 구별하기가 쉽지 않았다. 강연이 시작되자 푸코는 사무엘 베케트의 말을 인용하면서("누가 말하건 무슨 상관인가, 누가 말하건 무슨 상관인가라고 누군가가 말했다"[2]), 저자를 동시대의 글쓰기 윤리의 모토이자 근본 원리로 보는 것에 대한 무관심을 정식화했다. 글쓰기에서 문제가 되는 것은 주체[저자]의 표현이라기보다는 오히려 글을 쓰는 주체가 끊임없이 사라지는 공간의 열림이라고 푸코는 주장했다. "작가의 흔적이란 그가 부재한다는 특이성에 불과하다."3)

그러나 베케트를 인용하는 바로 그 언표행위에는 하나의 모순, 즉 얄궂게도 강연의 은밀한 테마를 불러내는 듯한 모순이 담겨 있다. "누가 말하건 무슨 상관인가, 누가 말하건 무슨 상관인가라고 누군가가 말했다." 그러므로 거기에는 익명이자 얼굴이 없는 채로 남아 있으면서도 이 진술을 입 밖에 낸 **누군가**가 있으며, 그 누군가가 없으면 말하는 자의 중요성을 부인하는 테제가 정식화될 수 없다. 저자의 동일성에 어떤 중요성도 부여하지 않는 그 몸짓이, 그럼에도 불구하고 저자의 해소할 수 없는 필요성을 긍정한다.

바로 이 지점에서 푸코는 자신이 수행하고 있는 작전의 의미를 명확히 한다. 그것은 자주 혼동되는 두 가지 통념의 구별에 기초한다. 엄격하게 장외에 머물러 있는 실재하는 개인으로서의 저자[라는 통념], 그리고 푸코가 자신의 분석에서 초점을 맞춘 저자-기능이 바로 그것이다. 저자의 이름은 서술의 수준에서도, 거명[지칭]의 수준에서도 다른 것들처럼 단순한 고유명사가 아니다. 예를 들어 피에르 뒤퐁4)의 눈이 파란색이 아니고, 내가 믿었던 것처럼 파리에서 태어나지도 않았고, 혹은 내가 어떤 이유로 그에게 귀속시켰던 의사라는 직업을 갖고 있지 않다는 사실을 알게 됐더라도 고유명사 '피에르 뒤퐁'

은 여전히 동일한 사람을 지시한다. 그렇지만 셰익스피어가 그의 작품으로 간주되어온 비극을 쓴 것이 아니라 프랜시스 베이컨의 『신기관』을 썼다는 것이 발견됐다면, 그때는 셰익스피어라는 이름의 기능이 바뀌었다고 말할 수 있을 것이다. 저자의 이름은 단순히 신분을 지시하는 것이 아니다. 저자의 이름은 "담론의 내부에서 그 담론을 산출한 외부의 실제적 개인에까지 도달하지 않는다." 오히려 그 이름은 "텍스트의 가장자리에" 위치하며, 그것이 어떤 일정한 사회 내부에서 담론의 지위와 순환체제를 정의한다. "따라서 우리와 같은 문명에는 '저자' 기능이 갖춰진 많은 담론이 있는 반면, 다른 문명에는 그 기능이 없다고 말할 수 있을 것입니다. …… 그러므로 저자 기능은 한 사회 내부에서 어떤 담론들의 존재, 순환, 기능 양식을 특징짓는 것입니다."5)

따라서 우리 시대에는 저자-기능의 다양한 특징이 있다. 저자의 권리[가령 저작권]에 의해 승인되는 특수한 전유체제 appropriazione regime, 그리고 이와 동시에 어떤 텍스트의 저자를 기소하고 처벌할 수 있는 가능성. 또한 동일한 기능의 다양한 양식에 부합하게 문학 텍스트와 과학 텍스트로 담론들을 구별하고 선별할 수 있는 가능성. 그리고 텍스트를 하나의 경전으로 구성함으로써 해당 텍스트가 진품임을 확인할 수 있는 가능성, 혹은 정반대로 텍스트가 위작임을 확증할 수 있는 가능성. 상이한 장소를 차지하는 여러 주체에게 언표행위적 기능을 동시적으로 분산시키기.⁶⁾ 그리고 마지막으로 작품이라는 한계를 넘어서 저자를 '담론성의 설립자'로 구성해주는 초담론적 기능의 구축가능성(지그문트 프로이트가 단순히『꿈의 해석』의 저자에 불과한 것이 아니듯이, 칼 맑스 역시『자본』의 저자임을 훨씬 넘어섰다).⁷⁾

2년 뒤 미국의 버펄로뉴욕주립대학교에서 위 강연을 수정해 발표했을 때, 푸코는 실재하는 개인으로서의 저자와 저자-기능이 대립함을 훨씬 더 대담하게 주장했다. "저자는 작품을 채우는 의미작용의 무한정한 원천이 아닙니다. 저자는 자신의 작품보다 선행하지 않습니다. 저자는 우리 문화에서 그것에 의해 우리가 한계를 정하고 배제하고 선별하는 그런 몇 가지 기능적 원리입니다. 요컨대 그것에 의해 우리가 허구의 자유로운 순환, 자유로운 조작, 자유로운 합성·분해·재합성을 저지하는 원리입니다."⁸⁾

이렇게 사회 속에서 저자-주체의 기능을 현실화하는 장치들과 저자-주체를 분할하는 것이야말로 푸코의 전략을 완전하게 보여주는 몸짓이다. 한편으로 푸코는 자신이 주체성에 관한 연구를 중단한 적이 없다고 수차례 되풀이했다. 그러나 다른 한편으로 푸코의 연구에서 살아 있는 개인으로서의 주체는 그 주체를 구성하는 객관적인 주체화 과정을 통해서만, 그리고 그 주체를 권력메커니즘에 기입하고 포획하는 장치들을 통해서만 제시된다. 다분히 이런 이유 때문에 적대적인 비평가들은 푸코가 [자신의 말과] 일관되지 않게도 살과 뼈를 지닌 개인에 대해서 완전히 무관심할 뿐만 아니라 주체성과 관련해 결정적으로 미학적인 관점을 갖고 있다고 비난한 것이다. 어쨌든 푸코는 이런 외견상의 아포리아를 완벽하게 깨닫고 있었다. 1980년대 초반 푸코는 『철학자 사전』에 자신의 방법을 소개하며 이렇게 적었다. "[스스로를] 구성하는 주체에 철학적으로 의지하기를 거부한다는 것은 순수한 객관성을 위해 주체를 추상화하는 식으로 마치 주체가 존재하지 않는다는 듯이 행동하는 것이 아니다. 이 거부는 주체와 대상이 서로와의 관계에서, 그리고 서로에 입각해서 '형성되고 변형되는' 경험이 특수하게 지닌 과정을 분명히 하려는 목적을 갖고 있다."[9] 그리고 저자에 관한 강연에 이어진 토론에서 푸코는 반어적으로 이렇게 말했다. 푸코 자신에게는 개인적 주체를 지우려는 의도가 있다고 지적한 골드만에게 답하면서 말이다. "저자 기능이 어떻게 실행되는가를 정의하는 것은 저자가 존재하지 않는다는 말이 아닙니다. … 그러니 눈물을 거둡시다."[10]

    이런 관점에서 볼 때 저자-기능은 주체화 과정으로서 나타나는데, 이 과정을 통해 개인은 어떤 텍스트 저작집의 저자로서 규정/확인되고 구성된다. 그러므로 개인으로서의 주체에 대한 모든 탐구는 주체가 담론의 질서 속에 등장할 수 있는 조건과 형태가 무엇인지를 규정하려는 문서기록에 자리를 양보해야만 하는 것처럼 보인다. 푸코가 계속 강조하는 진단에 따르면, 이런 담론의 질서에서 "작가의 흔적이란 그가 부재한다는 특이성에 불과하다. 작가는 글쓰기 놀이에서 죽음의 역할을 떠맡아야만 한다."[11] 저자는 죽은 것이 아니며, 자기 자신을 한 명의 저자로 자리매김한다는 것은 '죽은 자'의 자리를 차지한다는 것을 뜻한다. 저자-주체는 존재하지만, 그 사람의 존재는 자신이 부재한다는 흔적을 통해서만 입증된다. 그렇지만 어떤 방식으로 부재가 특이할 수 있을까? 그리고 개인이 죽은 자의 자리를 차지하고 있다는 것, 자신의 흔적을 텅 빈 장소에 남겨놓는다는 것은 무엇을 뜻하는가?

푸코의 저작들 중에서 이런 난점이 주제로 인식되는 텍스트는 어쩌면 단 하나뿐일 것이다. 거기에서는 주체의 해독불가능성이 한순간이기는 하지만 화려하기 그지없게 출현한다. 「악명 높은 사람들의 삶」[12]이 그것이다. 원래 이 텍스트는 문서고의 자료, 수감기록, 봉인장* 등의 모음집에 붙이는 서문으로 구상된 것이었다. 이 모음집에는 봉인장이라는 형태가 없었다면 자신의 흔적을 전혀 남기지 않았을 법한 인간 실존들이 권력과의 마주침으로 인해 어둠과 침묵에서 끌어내어지고

---

* lettre de cachet. 프랑스 왕의 옥새가 찍힌 편지로 이 편지를 받는 사람은 거기에 적힌 명령에 무조건 복종해야 했다. 주로 재판절차 없이 특정 사람을 감옥에 수감하는 명령이 담겨져 있어서 '체포영장'의 동의어로도 쓰이지만, 꼭 이런 목적으로만 사용된 것은 아니다. 구체제 시기의 권력남용을 상징하는 것으로서 프랑스혁명 당시 곧장 그 발부가 금지됐다.

있다. 1701년 4월 21일 비세트르[13])에 수감된 무신론자이자 남색가인 교회지기 장-앙투완 투자르의 찡그린 표정, 1707년 8월 31일 샤랑통[14])에 수감된 마튀랭 밀랑의 완강하고 수수께끼 같은 방황은 권력이 이들에게 빛을 쪼이던 아주 짧은 순간에 반짝 빛이 난다. 하지만 이 찰나와도 같은 번쩍임에서 무엇인가가 그들을 치욕스럽게 만들었던 주체화를 초과하며, 또 다른 삶과 또 다른 역사의 빛나는 흔적과도 같은 무엇인가가 이 문서고의 간결한 진술 속에 새겨진다. 확실히 이들의 악명 높은 삶은 이들을 악랄한 행동과 담론의 장본인[저자]으로 고정시키는 권력의 담론에서 인용될 때에만 드러난다. 어떤 낯선 얼굴이 [우리로부터] 떨어져 있으면서도 너무나 가까이에서 우리를 물끄러미 바라보는 사진처럼, 이런 악명 속의 무엇인가가 자신의 고유한 이름을 요구한다. 모든 표현과 모든 기억을 넘어 자기 자신을 증언하면서 말이다.

무자비한 악명의 문서고에 영원히 이름이 남게 만든 음침하게 휘갈겨 쓴 공문[봉인장] 속에서 저 악명 높은 삶은 도대체 어떤 방식으로 나타나는가? 확실히 공문을 쓴 익명의 서기들이나 최하급 관리들에게는 이 악인들에 대해 알고 싶다거나 이들을 재현할 의도가 없었다. 이들의 유일한 목적은 악인들에게 악명의 낙인을 찍는 것이었다. 그러나 적어도 한순간에는 이들이 쓴 구절들 속에서 저 악명 높은 삶이 어둠 속의 빛처럼 눈부시게 반짝인다. 그렇다면 이런 이유 때문에 극단적으로 생략된 구절들 속에서 저 악명 높은 삶이 그 표현을 발견했다고, 우리에게 전해져 알려졌다고 말할 수 있을까? 아니, 거꾸로 저 악명 높은 삶을 고정시켜버린 몸짓은 저 삶이 제시[소개]될 수 있는 일체의 가능성을 영원히 제거하는 듯하다. 마치 저 삶은 절대로 표현되지 않은 채 있는 조건에서만 언어활동 속에서 나타날 수 있다는 듯이 말이다.

그러므로 1977년[15)]의 이 텍스트는 [1969년의] 저자에 관한 발표에 대해 암호와 같은 것을 담고 있을 수 있다. 즉, 악명 높은 삶은 작품 속에서 저자의 현존-부재라는 패러다임을 얼마간 구성할 수 있다는 암호 말이다. 만일 우리가 각각의 표현 행위에 있어서 표현되지 않은 채로 남아 있는 것을 '몸짓'이라고 부른다면, 저자는 그 표현 속 한가운데에 빈 공간을 수립함으로써 표현을 가능케 하는 하나의 몸짓으로서만 텍스트에서 현존한다고 말할 수 있다. 바로 악명처럼 말이다.

삶을 침묵케 하고 우거지상으로 뒤틀어버리는 것을 통해서만 삶이 우리에게 나타나는 이 특이한 현존의 양상을 어떻게 이해해야 할까? 푸코는 이 난점을 깨달았던 것 같다. "사람들은 여기에서 초상화 모음집을 보는 것이 아니라 덫, 무기, 비명, 몸짓, 태도, 계략, 음모를 보는데 말이 그 도구였다. 진짜 삶은 이 몇 문장 안에서 '향유된다.'[jouées] 그렇지만 나는 이들이 형상화됐다고 말하려는 것이 아니다. 사실상 그들의 자유, 그들의 불행, 종종 그들의 죽음, 어떤 경우에는 그들의 운명이

이 문장들 속에서 결정됐다고 말하려는 것이다. 적어도 부분적으로는 그렇게 됐다고 말이다. 이 담론들은 정말로 삶과 교차됐다. 이 실존들은 실질적으로 위험에 처하게 되며, 이런 말들 속에서 상실되어왔다."16)

그러므로 이 말들이 초상화도 아니고 전기도 아니라는 것은 당연하다. 즉, 악명 높은 삶을 기록하는 무미건조한 글쓰기와 그 삶 자체를 한데 묶어주는 것은 재현이나 상징화[기호화]의 관계가 아니라 상이하고 훨씬 본질적인 어떤 것이다. 이 문장들에서 악명 높은 삶은 '향유된다.' 즉, 저 악명 높은 삶의 자유와 불운은 위험에 처해 있고 결정되어 있다.

마튀랭 밀랑은 어디에 있는가? 장-앙투완 투자르는? 악명의 문서고에 그들의 현존을 기록해놓은 저 간명한 공문 속은 확실히 아니다. 또한 문서고 바깥에, 그러니까 문자 그대로 우리가 아무것도 모르는 [그들의] 전기적 현실에도 없다. 그들은 그들이 향유된 텍스트의 문턱에 서 있다. 아니, 오히려 그들의 부재, 그들의 영원한 등 돌리기는 문서고의 바깥 여백에 표시되어 있다. 마치 그런 부재와 등 돌리기를 가능케 했고, 그 의도를 초과했으며, 무無로 만들어버린 몸짓처럼 말이다.

"진짜 삶이 '향유됐다'." 이 맥락에서 이것은 애매한 표현으로, 푸코는 따옴표를 사용해 이를 강조한다. 왜냐하면 '향유'jouer가 연극적 의미를 갖고 있기 때문일 뿐만 아니라(이 문장은 이들의 삶이 연출됐고 낭송됐다는 것을 뜻할 수도 있다) 행위자, 즉 이들의 삶을 향유한 사람이 텍스트에서는 의도적으로 모호하게 남겨져 있기 때문이다. 누가 이들의 삶을 향유하는가? 그것은 그들 자신을 (마튀랭 밀랑의 경우에는 자신의 방랑에, 장-앙투완 투자르의 경우에는 남색질이라는 정념에) 아무런 망설임도 없이 내맡기는 악명 높은 사람들 자신이었을까? 아니, 오히려 (이것이 훨씬 더 그럴 듯한데) 지인들, 익명의 관리들, 서기관들, 그들을 구금한 경찰의 음모였을까? 악명 높은 삶은 둘 중 어느 하나에 완벽하게 속하는 것처럼 보이지 않는다. 즉, 악명 높은 삶은 그런 삶을 책임져야 할 어떤 호적상의 이름에도 속하지 않으며, 결국 악명 높은 사람들을 심판할 권력의 관리들에게도 속하지 않는다. 악명 높은 삶은 그저 향유된다. 악명 높은 삶은 결코 소유되지도, 재현되지도, 말해지지도 않는다. 그리고 바로 이 때문에 악명 높은 삶은 어떤 윤리학, 어떤 삶-의-형태의 가능하지만 텅 빈 장소이다.

그러나 하나의 삶이 스스로를 향유한다는(또는 향유된다는) 것은 무엇을 뜻하는가?

표도르 도스토예프스키의 『백치』에서 나스따시야 필리뽀브나는 자신의 인생을 결정할 어느 날 밤, 자기 집의 응접실에 들어선다.17) 나스따시야는 그때까지 자신의 정절을 더럽히고 자신을 독점해온 돈 많은 지주 아파나시 이바노비치 또쯔끼에게, 7만5천 루블을 대가로 퇴역 장군 이반 표도로비치 예빤친 장군의 젊은 비서 가브릴라 아르달리오니치와 결혼하라는 제안에 대답하겠다고 약속했다. 응접실에는 예빤친 장군, 형언할 수 없을 만큼 탐욕스런 루끼얀 찌모페예비치 레베제프, 악의로 똘똘 뭉친 페르디쉬첸꼬를 포함해 나스따시야의 친구와 지인이 모두 모여 있다. 심지어 [나스따시야를 사랑하게 된] 레프 니꼴라예비치 미쉬낀 공작도 있으며, 어느새 나스따시야를 위해 10만 루블이 담긴 보자기를 들고 들어와 꼴사나운 무리의 우두머리가 된 빠르펜 셰묘노비치 로고진도 있다. 처음부터 그 밤은 어딘가 아파서 열이 나는 것 같았다. 집의 여주인은 멈추지 않고 계속 되풀이한다. "열이 나요. 몸이 좋지 않아요."18)

페르디쉬첸꼬가 제안한 불쾌한 사교게임, 즉 각자 자신의 비열함[자기가 행한 가장 나쁜 짓]을 고백해야만 하는 게임을 하기로 동의함으로써 나스따시야는 곧장 밤 전체를 게임의 분위기 아래에 놓는다. 나스따시야가 자신에게는 실질적으로 일면식이 없는 미쉬낀 공작을, 또쯔끼에 대한 대답으로 결정한 것은 장난 또는 변덕 때문이다. 이때부터 모든 것은 급박하고 빠르게 돌아간다. 나스따시야는 미쉬낀 공작과 결혼하는 데 예기치 않게 동의하지만, 그 직후 바로 이를 취소하고는 대신 조금 뒤에 로고진을 선택한다. 나스따시야는 뭐에 홀린 듯 10만 루블이 들어 있는 꾸러미를 잡아채 벽난로에 던지고는 탐욕스런 가브릴라에게 약속한다. 불길 속에서 손으로 돈을 꺼낼 용기가 있다면 그 돈은 당신 것이라고.

나스따시야의 행동을 이끈 것은 무엇일까? 제아무리 지나쳤을지언정, 나스따시야의 몸짓은 그 자리에 있던 다른 모든 사람의 계산과 태도에 비해 견줄 바 없이 뛰어나다(미쉬낀 공작은 유일한 예외이다). 그러나 이 몸짓들에서는 합리적 결정이나 도덕적 원리 같은 것을 전혀 식별할 수 없다. 우리는 나스따시야가 (예를 들어 또쯔끼에게) 복수를 하기 위해 행동한 것이라고 말할 수도 없다. 시종일관 나스따시야는 섬망*에 사로잡힌 듯이 보이며, 그녀의 친구들도 지치지 않고 이 점을 지적한다("도대체 뭘 말하려는 거야? 발작한 거 아니야?" "그녀를 이해할 수 없어. 머리가 돈 것 같아"19)).

나스따시야는 자신의 삶을 향유했다. 아니, 어쩌면 나스따시야는 미쉬낀 공작, 로고진, 레베제프, 그리고 최종적으로는 자신의 변덕이 그녀 자신의 삶을 향유하도록 내버려뒀다. 그 때문에 나스따시야의 처신은 해명하기 힘들고, 그녀는 모든 행동에 있어서 완전히 접근불가능하고 이해되지 못한 채로 남겨진다. 어떤 삶이 윤리적이 되는 것은 그 삶이 단순히 도덕률에 복종할 때가 아니다. 오히려 자신의 몸짓에 있어서 돌이킬 수 없고 아무런 유보도 없이 자신의 향유됨을 받아들일 때 그 삶은 윤리적이 된다. 설령 결국에는 그 행복이나 불운이 단 한 번에 결정될 위험이 있더라도 말이다.

---

* delirium. 주변상황을 잘못 이해하며, 생각의 혼돈이나 방향상실 등이 일어나는 정신의 혼란상태. 한국어판에는 '열병'으로 옮겨져 있다.

저자는 삶이 작품 속에서 향유되는 지점을 나타낸다. 향유되는 것이지 표현되는 것이 아니다. 향유되는 것이지 충족되는 것이 아니다. 이 때문에 저자는 작품에서 만족하지 못하고 말해지지 않은 채 머물 수밖에 없다. 저자는 독해를 가능케 하는 읽을 수 없는 누군가이며, 글쓰기와 담론이 이로부터 생겨나는 전설적인 공허이다. 이토록 낯설고 어울리지 않는 현존인 저자의 몸짓은 자신이 생명을 불어넣은 작품 속에서 입증된다. 코메디아 델라르테**의 이론가들에 따를 때 아를레키노***의 라초가 무대 위에서 전개되는 이야기를 끊임없이 중단시키고 플롯을 계속 흐트러뜨리는 것과 똑같은 방식으로 말이다. 그러나 위 이론가들에 따르면 라초라는 이름이 마치 올가미^{laccio}처럼 스스로 풀어헤친 가닥[이야기의 흐름]을 매번 다시 묶는 것으로 돌아간다는 사실에서 유래하듯이, 저자의 몸짓은 표현될 수 없는 바깥 여백의 환원불가능한 현존을 통해서만 작품의 생명을 보증한다. 마임에서 배우가 침묵으로 그렇게 하듯이, 아를레키노가 라초를 가지고 그렇게 하듯이, 저자는 자신

 ** commedia dell'arte. 16세기 이탈리아에서 유행한 가면희극. 막과 장만이 간략히 기록된 일종의 쪽대본 카노바초(canovaccio)에 근거해 연기자들이 즉흥적으로 연기를 이어갔다. 이런 즉흥성 때문에 연기자들은 이야기와 별 상관없는 익살이나 행동으로 깜짝 장면을 자주 연출하면서 극의 진행을 계속 이어갔는데, 이것을 통칭해 '라초'(lazzo)라고 부른다. 라초 자체가 '농담'이라는 뜻의 이탈리아어이다.
*** Arlecchino. 코메디아 델라르테를 이끌어가는 광대나 익살꾼. 주로 쾌활한 하인이지만 연인으로서는 변덕스럽고 무정한 인물을 상징한다.

이 창조한 열림 내부에 자신을 다시 가두는 것으로 쉴 새 없이 돌아간다. 그리고 (저자의 초상화나 사진을 권두화^{frontespizio}로 수록한 옛날 책에서) 우리가 저자의 수수께끼 같은 특징을 통해 작품의 이유와 뜻을 해독하려고 헛되이 수고하는 것과 마찬가지로, 저자의 몸짓은 작품의 문턱에서 머뭇거린다. 아이러니하게도 마치 고백할 수 없는 비밀을 지니고 있다고 주장하는 다루기 어려운 명구*처럼 말이다.

그러나 이처럼 읽을 수 없는 몸짓, 텅 빈 채로 남아 있는 이 자리야말로 독해를 가능케 한다. "스페인에서 떨쳐 일어난 아버지들"[20]이라는 구절로 시작하는 시를 생각해보자. 우리는 이것이 1937년 어느 날 세사르 바예호라는 남성이 썼음을 알고 있다. 혹은 적어도 그렇게 들었다. 이 남자는 1892년 페루에서 태어났고, 지금은 파리의 몽파르나스 묘지에 아내인 조르제트의 근처에 묻혀 있다. 그리고 바예호의 아내는 바예호가 죽은 뒤에도 여러 해 더 살았으며, 바예호의 시와 다른 사후 유작을 끔찍한 상태로 편집한 책임이 있는 것처럼 보인다. 이 시를 바예호의 작품 중 하나로(혹은 바예호를 이 시의 저자로) 만들어주는 관계를 정확히 특정해보도록 하자. 어떤 특정한 날에 이처럼 특별한 감정이, 무엇과도 비교될 수 없는 이 사유가

---

* exergue. 말 그대로의 의미는 '작품'(ergon)의 '바깥 공간'(ex)이다. 여기서는 작품의 첫머리, 즉 책, 논문, 장이 시작하는 곳 오른쪽 구석에 새겨두는 글귀를 뜻한다.

아주 짧은 순간에 바예호라고 불리는 개인의 마음과 정신을 거쳐 갔던 것일까? 명확하지 않은 것이라고는 전혀 없다. 그렇지만 시를 쓴 이후에야, 혹은 그 와중에 이런 사유와 감정이 바예호에게는 현실적이 됐고, 그 세부사항과 뉘앙스가 떼어낼 수 없을 정도로 그 자신의 것이 됐으리라(우리가 시를 읽는 바로 그 순간에만 그 시가 우리의 것이 되듯이 말이다).

이것은 사유와 감정의 장소가 텍스트를 구성하는 시 자체, 기호 자체에 있다는 것을 뜻하는가? 하나의 정념, 하나의 사유는 어떻게 한 장의 종이에 수록되는가? 그 정의상, 감정과 사유에는 그것을 경험하고 사유하는 주체가 필요하다. 감정과 사유가 현존하려면, 누군가가 그 책을 집어 들고 읽어야 한다. 그렇게 하는 개인은 저자가 남긴 시의 텅 빈 자리를 차지할 것이다. 그 사람은 저자가 작품에서 자신의 부재를 입증하기 위해 사용했던 것과 똑같은 비표현적 몸짓을 반복할 것이다.

그러므로 시의 장소^{luogo}, 아니 오히려 시의 발생$^{aver\ luogo}$은 텍스트 속에도, 저자 속에도 없다(또한 독자 속에도 없다). 저자와 독자가 텍스트에서 그들 자신을 향유하는 동시에 그로부터 무한히 멀어지는 것은 바로 몸짓에서이다. 저자는 자신이 향유된 작품에서 자신이 부재한다는 사실의 증인 또는 보증인일 뿐이며, 독자는 스스로 이 무궁무진한 게임(독자는 자기 자신을 잃어버리면서 이 게임을 행한다)의 보증인이 됨으로써 또다시 그 사실을 증언할 수 있을 뿐이다. 아베로에스[21)]의 철학에 따르면 사유는 독특한 것으로서 개인들과는 분리되어 있으며, 개인들은 각자의 상상과 환상을 사용함으로써 때때로 사유와 결합한다. 이와 마찬가지로 저자와 독자는 작품 속에서 자신이 표현되지 않은 채로 있다는 조건에서만 작품과 관계를 맺게 된다. 하지만 텍스트는 이 부재의 증거에서 쏟아지는 불투명한 빛 외에는 그 어떤 빛도 지니고 있지 않다.

그러나 바로 그렇기 때문에 저자는 텍스트의 한계 역시 표시한다. 그것을 넘어서면 그 어떤 해석도 계속될 수 없는 그런 한계를 말이다. 독해는 시로 작품화된 것의 독해가 어떤 방식으로든 독해가 살아 있던 텅 빈 장소와 마주치는 바로 그 자리에서 끝날 수밖에 없다. 작품에 입각해 저자의 개성을 구축하려는 시도가 정당하지 않듯이, 저자의 몸짓을 독해의 은밀한 암호로 삼으려는 시도 역시 정당하지 않다.

어쩌면 바로 이 지점에서 푸코의 아포리아는 그다지 수수께끼처럼 보이지 않게 될 것이다. 저자와 마찬가지로, 악명 높은 사람의 삶과 마찬가지로 주체는 어딘가에 현존하는 실체적인 현실로서 직접적으로 입증될 수 있는 것이 아니다. 이와 달리 주체는 주체가 향유되어왔던(그리고 스스로를 향유해왔던) 장치들과의 마주침으로부터, 직접적인 대면으로부터 생겨나는 것이다. 왜냐하면 글쓰기(악명의 문서고를 만든 서기관들의 글쓰기뿐만 아니라 모든 글쓰기) 역시 일종의 장치이며, 인간 존재의 역사란 어쩌면 인간 스스로가 생산한 장치들(특히 언어활동)과의 쉼 없는 대면에 다름 아닐 것이기 때문이다. 저자가 작품 속에 표현되지 않은 채 머물러야 하지만 바로 그런 식으로 자신의 환원할 수 없는 현존을 입증하듯이, 주체성 역시 주체성의 장치들이 주체성을 포획하고 향유하는 바로 그 지점에서 자신을 드러내고 있는 힘껏 저항해야 한다. 살아 있는 존재가 언어활동과 마주치고, 아무런 유보 없이 스스로를 언어활동 속에서 향유하면서도 자신을 언어활동으로 환원하는 것이 불가능함을 어떤 몸짓 속에서 전시하는 곳, 바로 그곳에서 주체성이 생산된다. 그밖에 모든 것은 심리학이며, 심리학에서는 그 어디에서도 윤리적 주체, 삶의 형태와 같은 어떤 것을 마주칠 수 없다.

9 세속화 예찬
Elogio della profanazione

로마의 법학자들은 '세속화하다'profanare가 무엇을 뜻하는지를 완벽하게 알았다. 성스러운 것이나 종교적인 것은 모종의 방식으로 신들에게 속하는 것이었다. 그 자체로 성스러운 것이나 종교적인 것은 인간의 자유로운 사용libero uso과 상업거래에서 떼어내졌다. 이것들은 판매되거나 저당잡힐 수도 없었으며, 그 용익권1)을 양도하거나 지역권servitus이 부과될 수도 없었다. 이처럼 특별한 이용불가능성을 위반하거나 침해하는 모든 행위가 바로 신성모독적sacrilegious 행위였다. 성스러운 것이나 종교적인 것은 천상의 신들이나 저승의 신들을 위해서만 배타적으로 비축된 것이었다(천상의 신들을 위한 경우에는 정확히 '성스러운'이라고 불렸으며, 저승의 신들을 위한 경우에는 단순히 '종교적'이라고 불렀다). 그리고 '봉헌하다[신에게 바치다]'‘sacrare’가 인간이 만든 법의 영역에서 사물을 떼어낸다는 것을 가리키는 용어였다면, 거꾸로 '세속화하다'는 사물을 인간이 자유롭게 사용하도록 돌려준다는 뜻이었다. 그래서 고대 로마의 위대한 법학자 가이우스 트레바티우스 테스타는 이렇게 썼다. "엄격한 의미에서 '세속적'이란 과거에는 성스럽거나 종교적이었던 것이 인간의 사용과 소유로 되돌려지는 것을 가리키는 용어이다." 그리고 '순수한'이란 더 이상 죽은 자들의 신들에게 할당되지 않고 이제 "성스럽지도, 신성하지도, 종교적이지도 않은 이 모든 명칭에서 자유로워진" 장소였다.[2]

인간이 공통으로 사용하도록 되돌려진 것은 순수하고 세속적일 뿐만 아니라 성스러운 명칭에서 자유롭기도 하다. 그러나 이때 사용은 자연적인 어떤 것으로서 나타나지 않는다. 오히려 사람들은 세속화에 입각해서만 그 사용에 도달한다. '사용하기'와 '세속화하기' 사이에는 우리가 명확하게 해야 할 특별한 관계가 있는 듯하다.

종교란 사물, 장소, 동물, 또는 사람을 공통의 사용에서 떼어내어 [다른] 분리된 영역으로 이전하는 것이라고 정의될 수 있다. 분리가 없다면 종교도 없을 뿐만 아니라, 모든 분리는 그 내부에 진정으로 종교적인 핵을 함유하거나 보존한다. 분리를 초래하고 규제하는 장치가 바로 희생제의이다. 다양한 문화마다 차이가 있을 뿐만 아니라 앙리 위베르와 마르셀 모스가 인

내심을 갖고 목록을 만든 일련의 세심한 의례들을 통해 희생제의는 항상 어떤 것이 세속적인 것에서 성스러운 것으로, 인간의 영역에서 신의 영역으로 이행하는 것을 인가한다.3) 본질적인 것은 두 영역을 나누는 분할선^{caesura}, 제물이 건너야만 하는 문턱이다. 어느 방향으로 가느냐는 중요하지 않다. 의례를 통해 분리됐던 것은 의례에서 세속의 영역으로 복원될 수 있다. 그러므로 세속화의 가장 단순한 형태 중 하나는 **접촉**을 통해 일어난다. 인간의 영역에서 신의 영역으로 제물이 건너가는 것을 초래하고 규제하는 바로 그 희생제의 동안에 말이다. 제물의 일부(내장 또는 장기^{臟器}, 즉 간·심장·담낭·폐)는 신을 위해 비축되는 반면, 나머지는 인간이 소비할 수 있다. 의례 참가자들이 이 고기를 건드리기만 해도 이것들은 세속적이고 먹을 수 있는 것이 되어버린다. 성스러운 것이 분리해내 돌처럼 딱딱하게 만들어버린 것을 마법에서 풀어내어 사용으로 되돌리는 것이 바로 세속적인 감염이고 접촉이다.

렐리기오[종교]^{religio}라는 용어는 지루하고 부정확한 어원학이 보여주는 것처럼 렐리가레^{religare}(인간적인 것과 신적인 것을 묶고 통일하는 것)에서 유래한 것이 아니다. 오히려 그 유래는 렐레게레^{relegere}이다. 렐레게레는 신과의 관계에서 반드시 채택되어야만 하는 세심함과 정중함의 태도, 성스러운 것과 세속적인 것의 분리를 존중하기 위해서는 반드시 지켜야만 되는 형식들(그리고 공식들) 앞에서의 초조한 망설임('다시 읽다'rileggere')을 가리킨다. 렐리기오는 인간과 신들을 통합하는 것이 아니라 이들이 여전히 분리된 채로 있도록 신경을 쓰는 것이다. 그러므로 종교에 대립하는 것은 신적인 것에 대한 불신과 무관심이 아니라 '소홀함'negligenza, 그러니까 사물과 그 사용 앞에서, 분리의 형식과 그 의미 앞에서 자유롭고 '[정신이] 산만한'*(다시 말해서 규범의 렐리기오로부터 해방된) 행태이다. 세속화한다는 것은 분리를 무시하는, 아니 오히려 분리를 특수하게 사용하는 소홀함의 특별한 형식이 지닌 가능성을 열어젖힌다는 것을 뜻한다.

사실 성스러운 것에서 세속적인 것으로의 이행은 성스러운 것을 완전히 부적절하게 사용(아니 오히려 재사용)함으로써 일어날 수도 있다. 놀이가 바로 그것이다. 놀이의 영역과 성스러운 것의 영역이 밀접하게 연결되어 있다는 것은 잘 알려져 있다. 우리가 알고 있는 놀이의 대부분은 고대의 성스러운 제의들, 넓게 말하면 종교적인 영역에 속했던 예언 풍습과 의례에서 유래한다. 지로톤도**4)는 원래 결혼 의례였다. 공놀이는 태양을 소유하기 위해 신들이 벌인 싸움을 본뜬 것이고,

---

* 여기서 아감벤은 '디스트라토'(distratto)라는 표현을 쓰고 있는데, 이 단어의 어원인 동사 '디스트라레'(distrarre)에는 '[마음/정신을 딴 데로 돌림으로써] 재미나게 하다/기분을 전환하다'(divertire)라는 뜻도 있다.

** girotondo. 서로 손을 맞잡고 노래를 부르며 원이 되어서 돌다가 모두 주저앉는 놀이. 더 자세한 내용으로는 이 책의 뒤에 수록된 '옮긴이 상세 주석' 3번(174~175쪽)을 참조하라.

도박은 신탁 풍습에서 유래한다. 그리고 팽이와 체스판은 점술 도구였다. 놀이와 의례의 관계를 분석하면서 에밀 방브니스트는 놀이가 성스러운 것의 영역에서 유래했을 뿐만 아니라 어떤 방식으로는 성스러운 것의 전복을 재현하고 있음을 보여줬다. 방브니스트가 쓴 바에 따르면, 성스러운 행위의 역량[잠재성]은 이야기를 말하는 신화와 이야기를 무대에 올려 재연하는 의례의 결합에 있다. 놀이는 이런 통일을 깨뜨린다. 루두스^{ludus}, 또는 육체적 활동으로서의 놀이는 신화를 벗겨내고 의례를 보존한다. 이오쿠스^{jocus}, 또는 말장난[농담/익살]으로서의 놀이는 의례를 지우고 신화가 살아남게 한다. "만일 성스러운 것이 신화와 의례의 동질적인 통일로서 정의될 수 있다면, 신화를 말들로만 옮기고 의례를 행동으로만 옮기면서 성스러운 실행^{operazione}의 절반만이 완성됐을 때에야 사람들은 놀이를 한다고 말할 수 있다."[5]

이것은 놀이가 성스러운 것의 영역을 단순히 폐기하는 것이 아니라 이 영역에서 인류를 자유롭게 떼어낸다는 것을 뜻한다. 성스러운 것을 [다시] 사용할 수 있게 됐다고 해도 이때의 사용은 공리주의적 소비와는 일치하지 않는 특별한 사용이다. 사실 놀이의 '세속화'가 오직 종교 영역에만 관련된 것은 아니다. 아무리 낡은 것을 손에 쥐더라도 그것을 가지고 노는 어린아이들은 우리가 진지하게 여겨왔던 경제, 전쟁, 법, 그밖에 다른 활동의 영역에 속하는 것까지도 장난감으로 뒤바꿔버린다. 자동차, 총기, 법적 계약이 불시에 장난감이 되어버리는 것이다. 이런 사례와 성스러운 것의 세속화 속에서는 공통적으로, 이제 거짓되거나 억압적으로 느껴지는 렐리기오가 참된 렐리기오$^{vera\ religio}$로, 즉 소홀함으로 이행한다. 그러나 이때의 소홀함은 부주의함을 뜻하는 것이 아니라(놀고 있는 어린아이의 주의력보다 더 뛰어난 것은 없다) 어린아이와 철학자들이 인류에게 부여한 새로운 차원의 사용을 뜻한다. 프란츠 카프카의 「신임 변호사」에 관한 글에서 더 이상 적용되지 않고 연구만 되고 있을 뿐인 법이야말로 정의의 문이라고 썼을 때, 발터 벤야민은 바로 이런 사용을 염두에 두고 있었을 것이다.[6] 더 이상 엄격히 준수되는 것이 아니라 마음껏 가지고 놀 수 있게 되는 렐리기오가 사용의 문을 열듯이, 놀이 속에서 [예전의 사용법이 정지됨으로써] 비활성화되는 경제·법·정치의 역량[잠재성]은 새로운 행복의 문이 된다.

세속화의 기관器官으로서의 놀이는 도처에서 쇠퇴하고 있다. 현대인이 더는 놀 줄 모른다는 것은 새로운 놀이와 기존의 놀이가 현기증이 날 정도로 증가했다는 사실로도 입증된다. 실제로 춤이나 파티 같은 놀이에서 현대인은 자신이 거기에서 찾을 수도 있는 것(잃어버린 것의 축제에 다시 접근할 가능성, 성스러운 것과 그 의례로의 회귀)과 정반대의 것을 필사적으로 집요하게 찾는다. 그것도 스펙터클한 신종 종교나 시골 무도회장의 탱고 레슨에서와 같은 어리석은 의식의 형태로 말이다. 이런 의미에서 텔레비전의 게임쇼는 새로운 예배식의 일부이다. 이런 게임쇼는 종교적 의도를 무의식적으로 환속한다. 놀이에 그 자체의 순전히 세속적인 사명을 되돌려주는 것은 하나의 정치적 과제이다.

이런 점에서 환속화^{secolarizzazione}와 세속화^{profanazione}를 구별해야 한다. 환속화는 억압의 형식이다. 환속화는 자신이 다루는 힘을 그저 한 곳에서 다른 곳으로 옮기기만 함으로써 이 힘을 고스란히 내버려둔다. 따라서 신학적 개념의 정치적 환속화(주권권력의 패러다임으로서의 신의 초월)는 천상의 군주제를 지상의 군주제로 대체할 뿐 그 권력은 그냥 놔둔다.

이와 반대로 세속화는 자신이 세속화하는 것을 무력화한다. 일단 세속화되고 나면, 사용할 수 없고 분리되어 있었던 것이 그 아우라를 상실한 채 [공통의] 사용으로 되돌려진다. 이 둘 모두 정치적 작업이다. 환속화가 권력의 실행을 성스러운 모델로 데려감으로써 권력의 실행을 보증한다면, 세속화는 권력의 장치들을 비활성화하며, 권력이 장악했던 공간을 공통의 사용으로 되돌린다.

문헌학자들은 라틴어 동사 프로파나레^{profanare}가 갖고 있는 듯한 이중적이고 모순적인 뜻에 늘 놀라곤 했다. 이 동사는 한편으로는 '세속적으로 만들다'를 뜻하며, 다른 한편으로는 (아주 보기 드문 사례에서만 그럴 뿐인데) '희생시키다[희생제의를 벌이다]'^{sacrificare}를 뜻한다. 이것은 '성스러운 것'이라는 어휘에 고유하게 존재하는 듯한 애매함이다. 형용사 '사케르'^{sacer}는 "위엄 있는, 신들에게 봉헌된"을 뜻하는 동시에, (지그문트 프로이트가 지적했듯이) "저주받은, 공동체로부터 배제된"을 뜻하기도 한다. 여기서 문제가 되는 애매함이 불명확함에서만 비롯된 것은 아니다. 이 애매함은 세속적인(아니 거꾸로, 봉헌적인) 작업의 구성요소이기도 하다. 세속적인 것에서 성스러운 것으로, 성스러운 것에서 세속적인 것으로 나아가야만 하는 어떤 단일한 대상을 가리키는 한, 이런 작업은 봉헌된 모든 사물에 존재하는 세속성의 잔여물^{residuo}, 그리고 세속화된 모든 대상에 존재하는 성스러움의 잔여^{resto}와 매번 같은 것으로 여겨져야만 한다.

사케르라는 용어에 관해서도 마찬가지이다. 이 용어는 봉헌^{sacratio}이나 예배[헌납]^{devotio}라는 엄숙한 행위를 통해(사령관이 승리를 보증받기 위해 저승의 신들에게 자신의 목숨을 봉헌할 때) 신들에게 바쳐진다는 것을, 그리고 오로지 신들에게만 속한다는 것을 지시한다. 그렇지만 '호모 사케르'라는 표현에서 사케르라는 형용사는 공동체에서 배제됐으며 죽여도 죄가 되지 않으나 신들에게 제물로 바쳐질 수 없는 개인을 가리키는 것처럼 보인다. 여기서 정확히 무슨 일이 일어났는가? 신들에 속하는 어느 성스러운 인간은 자신을 다른 사람들과 분리하는 의례[희생제의]에서 살아남아, 겉으로는 사람들 속에서 계속 세속적인 삶을 이어간다. 이 성스러운 인간은 세속의 세계에 살고 있지만, 그 신체에는 더 이상 해소될 수 없는 성스러움의 잔여물이 있다. 바로 이것 때문에 성스러운 인간은 동료 인간들과 통상적인 교류를 할 수 없게 되며 스스로를 폭력적인 죽음의 가능성에 노출시킨다. 그 스스로를 자신이 진정으로 속하는 신들에게 돌려주는 죽음의 가능성에 말이다. 신적인 영역에서 볼 때 성스러운 인간은 결코 제물로 바쳐질 수 없으며 숭배되지도 않는다. 왜냐하면 성스러운 인간의 생명은 이미 신의 소유이지만, 스스로 살아남는 한 이른바 성스러운 것의 영역에 세속성의 부적절한 잔여를 들여오기 때문이다. 요컨대 희생제의의 기계에서 '성스러운'과 '세속적인'은 한 체계, 어떤 부유하는 기표가 동일한 대상을 지시하기 위해서 한 영역에서 다른 영역으로 멈추지 않고 이동하는 체계의 두 극을 표상한다. 바로 이것이 이 기계가 인간 존재와 신적 존재 사이에서 사용의 배분을 보증하는 방식인 바, 경우에 따라서는 신들에게 봉헌된 것을 인간에게 되돌려줄 수 있다. 그리하여 로마의 희생제의에서는 두 개의 작업이 서로 뒤섞이게 된다. 로마의 희생제의에서는 [신들에게] 봉헌된 동일한 제물의 일부가 접촉에 의해 세속화되고 인간에 의해 소비되지만, 다른 부분은 신들에게 할당된다.

　이런 관점에서 보면 왜 그리스도교라는 종교에서 신학자, 교황, 황제가 미사 봉헌식의 실체변화* 개념과 삼위일체설의 성육신·동일본질** 개념을 가능한 한 일관성 있고 이해될 수 있도록 만들기 위해 그토록 강박적으로 조심하고, 집요하리만치 진지했는지를 훨씬 쉽게 이해할 수 있다. 여기서 관건은 신 자신을 희생제의의 제물에 포함시키고, 그렇게 함으로써 이교異教에서 오직 인간적인 것에만 관련됐던 분리를 신에게 도입한 종교적 체계의 생존이었다. 즉, 하나의 인격이나 제물에 두 개의 본성이 동시에 현존한다는 관념은 그리스도교의 희생제의 기계를 마비시킬 위험이 있던 신적인 것과 인간적인 것의 혼동에 대처하기 위한 노력이었다. 실체변화가 빵과 포도주라는 형상specie이 예수 그리스도의 신체로 남김없이 변형됐음을 보증했듯이, 성육신이라는 교의는 신적 본성과 인간적 본성이 하나의 인격 속에 아무런 애매성 없이도 동시에 현존함을 보증했다. 그런데도 불구하고 신이 희생제의의 제물로 도입되고, 성스러운 것과 세속적인 것의 구별을 위험에 빠뜨리는 강력한 메시아적 경향이 존재한 탓에 그리스도교의 종교적 기계는 한계점 또는 결정불가능성의 지대에 도달하는 것처럼 보인다. 신적인 영역이 붕괴되어 항상 인간적 영역 안으로 들어가는 과정에 있으며, 인간이 항상 이미 신적인 것[영역]으로 침입하는 그런 지점 말이다.

---

* transsubstantiatio. 성찬(聖餐)의 빵과 포도주가 예수 그리스도의 몸과 피로 변하는 것. 화체설(化體說)이라고도 불린다.
** homoousios. 성부(하나님)와 성자(예수 그리스도)가 동일한 신적 속성을 갖고 있음을 뜻하는 말.

「종교로서의 자본주의」는 벤야민의 통찰력 넘치는 유고 단편들 중 하나이다. 벤야민에 따르면 자본주의는 막스 베버에게서처럼 프로테스탄트 신앙의 환속화일 뿐만 아니라 그리스도교에서 기생적으로 발전된, 본질적으로는 그 자체가 종교적인 현상이다. 근대적 종교로서의 자본주의는 세 가지 특징에 의해 정의된다. 첫째, 자본주의는 이제껏 존재한 종교 중에서 가장 극단적이고 절대적인 제의종교이다. 이 속에서 모든 것은 교리나 이념이 아니라 제의^{culto}의 실행과 관련해서만 의미를 갖는다. 둘째, 이 제의는 영구적이다. 즉, "휴식도 자비도 없이 찬양"[7]되는 제의이다. 여기서는 평일과 휴일[노동일과 축제일]을 구별하는 것이 가능하지 않으며, 오히려 노동이 제의의 찬양과 일치하게 되는 단 하나이자 중단되지 않는 휴일이 있을 뿐이다. 셋째, 자본주의적 제의는 죄로부터의 구원이나 죄에 대한 속죄가 아니라 죄 자체를 향한다. "자본주의는 필경 죄를 씻지 않고 오히려 죄를 지우는 제의의 첫 사례일 것이다. …… 죄를 씻을 줄 모르는 엄청난 죄의식은 제의를 찾아 그 제의 속에서 그 죄를 씻기보다 오히려 죄를 보편화하려고 하며 …… 신 자신을 이 죄 속에 끌어들인다. …… 신은 죽은 것이 아니라 인간의 운명 속에 편입됐다."[8]

자신의 모든 힘을 다하여 속죄가 아니라 죄로, 희망이 아니라 절망으로 나아가려고 하기 때문에 종교로서의 자본주의는 세계의 변혁이 아니라 세계의 파괴를 목표로 한다. 그리고 벤야민에 따르면, 우리 시대에는 이 자본주의의 지배가 너무도 완성되어 있는 탓에 근대의 위대한 세 예언자들(프리드리히 니체, 칼 맑스, 프로이트)조차도 이것과 공모한다. 즉, 어떤 면에서 이들은 절망의 종교의 편에 서 있는 것이다. "인간이라는 행성이 절대적으로 고독한 그 궤도 속에서 절망의 집을 뚫고 나온다는 것이 니체의 에토스를 규정짓는다. 이 인간이 바로 자본주의적 종교를 인식하면서 성취하기 시작한 초인이다."9) 프로이트의 이론도 자본주의적 제의를 주관하는 성직자의 반열에 속한다. "억압된 것, 즉 죄스러운 생각은 무의식의 지옥이 그 이자를 지불하는 자본이다."10) 그리고 맑스의 경우 자본주의는 "죄/빚^{Schuld}의 기능으로서의 단리單利와 복리複利에 의해 사회주의가 된다."11)

우리가 흥미를 느끼는 관점에서 벤야민의 성찰을 이어가보자. 그러면 자본주의는 그리스도교에 이미 현존하던 경향을 극단으로 밀고 간다는 점에서, 종교를 정의한 분리의 구조를 모든 영역에서 일반화·절대화한다고 말할 수 있으리라. 희생제의가 세속적인 것에서 성스러운 것으로, 성스러운 것에서 세속적인 것으로의 이행을 표시했던 곳에는 이제 모든 것, 모든 장소, 모든 인간활동에서 그 자체를 분리하기 위해 엄습해오는 단일하고 다형적이며 쉴 새 없는 분리의 과정이 있다. 이 과정은 성스러운 것과 세속적인 것, 신적인 것과 인간적인 것의 분할선에는 완전히 무관심하다. 그 극단적 형식에서 자본주의적 종교는 분리할 것이라고는 아무것도 남겨져 있지 않은 지점에 이르기까지 분리의 순수한 형식을 실현한다. 어떤 잔여물도 남겨놓지 않는 절대적 세속화는 이제 그만큼 공허하고 총체적인 봉헌과 일치한다. 상품의 경우 분리는 사용가치와 교환가치로 쪼개지고 포착할 수 없는 물신으로 변형되는 대상의 형식 자체에 내재한다. 행해지고 생산된 모든 것, 혹은 경험된 모든 것(인간의 신체, 섹슈얼리티, 언어활동 등까지)도 마찬가지이다. 이제 이것들은 그 자체와 분할되며, 더 이상 그 어떤 실체적 분할도 규정하지 않고 모든 사용이 지속적으로 불가능해져버리는 분리된 영역에 자리한다. 이 영역이 소비이다. 앞서 우리가 주장했듯이, 만일 우리가 지금 그 속에서 살아가고 있고 모든 것이 자기 자신으로부터 분리되어 진열되어 있는 자본주의의 극단적 국면을 '스펙터클'이라고 부른다면, 스펙터클과 소비는 사용하기라는 단일한 불가능성이 지닌 두 측면이다. 사용될 수 없는 것은 그 자체로 소비나 스펙터클한 진열에 넘겨진다. 이것은 곧 세속화하는 것이 불가능하게 됐음(혹은 적어도 특별한 절차를 요구함)을 뜻한다. 만일 '세속화하다'가 성스러운 것의 영역으로 분리됐던 것을 공통의 사용으로 되돌린다는 뜻이라면, 그 극단적 국면에서의 자본주의적 종교는 절대적으로 세속화할 수 없는 어떤 것을 창조하려고 목표한다.

   프란체스코 수도회와 갈등을 빚던 와중인 13세기에 로마 교황청은 사용불가능성으로서의 소비[12])에 관한 신학적 계율을 확립했다. '절대적 청빈'을 부르짖은 프란체스코 수도회는 법^{diritto}의 영역에서 완전히 떼어내진 사용의 가능성을 단언했다. 프란체스코 수도회는 이런 사용의 가능성을 용익권으로부터, 그리고 다른 모든 사용의 권리^{diritto}와 구별하기 위해 우수스 팍티$^{usus\ facti}$, 즉 사실상의 사용(또는 사실의 사용-)*이라고 불렀다.13) 프란체스코 수도회의 불구대천지 원수였던 요하네스 22세는 이에 맞서 「법령의 제정자로부터」라는 교서를 공표한다. 음식, 의복 등처럼 소진되는 대상인 사물에는 소유와 구별되는 사용이 존재할 수 없다고 요하네스 22세는 논했다. 왜냐하면 이런 사물을 사용하는 것은 이 사물을 소진하는 행위, 즉 파괴[훼손]^{abusus}하는 행위와 전적으로 일치하기 때문이라는 것이다. 소비가 사물을 필연적으로 파괴한다는 것은 사물의 실체를 건드리지 않은 채 남겨놓음$^{salva\ rei\ substantia}$을 전제하는 사용이란 게 불가능함을, 또는 그런 사용이 존재할 수 없음을 일컫는다. 이것이 전부가 아니다. 자연 속에는 소유와 구별된 단순한 사실상의 사용이 존재할 수 없다. 사실상의 사용이란 결코 누군가가 '가질' 수 있는 것이 아니다. "사용이라는 행위

---

* de facto use. 여기서 '사실상의'라는 표현은 '법적인'(de iure)의 반대 의미로 이해하면 된다. 즉, 사실상의 사용이란 법적인 사용권이나 소유권 없이 해당 사물을 '실제로' 사용한다는 의미이다. 이런 사용은 용익권과 달리 그 대상으로부터 어떤 이윤이나 이득을 얻는 것이 목적이 아니라 (주로 생존 자체를 위해) 그냥 사용하는 것이 목적일 뿐이다.

자체는 실행되기 전이든, 실행되고 있는 중이든, 실행된 뒤이든 자연 속에는 결코 존재하지 않는다. 사실 소비는 이것이 실행되는 행위에서조차도 항상 이미 과거이거나 미래에 있으며, 그 자체로는 자연 속에 존재한다고 말해질 수 없고 그저 기억이나 예상 속에만 있을 뿐이다. 그러므로 그것은 소멸의 찰나를 제외하면 결코 누군가가 가질 수 있는 것이 아니다."[14]

이렇게 의도하지 않은 예언으로, 요하네스 22세는 수세기 뒤에 소비사회에서 완성될 사용의 불가능성이라는 패러다임을 제공했다. 그러나 사용에 관한 이처럼 완고한 부인은 프란체스코 수도회 내에서 제기된 그 어떤 정의보다도 훨씬 근본적으로 사용의 본성을 포착한다. 왜냐하면 교황의 논변에서 순수한 사용은 비존재하는 어떤 것이 아니라(실제로 순수한 사용은 소비 행위 속에서 찰나적으로 존재한다) 오히려 사람들이 결코 가질 수 없는 것, 사람들이 결코 **재산권**으로 구성할 수 없는 것처럼 보인다. 요컨대 사용은 항상 전유될 수 없는 어떤 것과의 관계이다. 그것은 사물이 소유의 대상이 될 수 없는 한에서 사물을 지시한다. 그러나 이런 식으로 사용은 소유의 참된 본성을 낱낱이 드러낸다. 즉, 소유는 인간의 자유로운 사용을 일종의 분리된 영역으로 옮기는 장치일 뿐이며, 그 영역에서 사용은 하나의 권리로 전환된다. 만일 오늘날 대중사회의 소비자들이 불행하다면, 그 이유는 단지 사용될-수-없음이 그 내부에 통합된 대상들을 소비하기 때문만은 아닐 것이다. 무엇보다도 우선 자신이 이런 대상들에 대한 소유권을 행사하고 있다고 믿기 때문에, [그렇지만 결국] 그 대상들을 세속화할 수 없게 됐기 때문에 소비자들은 불행한 것이다.

사용하기의 불가능성을 보여주는 전형적인 장소는 박물관이다. 세계의 박물관화는 오늘날 하나의 기정사실이다. 사람들의 삶을 정의했던 정신적 역량들(예술, 종교, 철학, 자연관, 심지어 정치)이 차례차례 박물관으로 유순하게 회수되고 있다. 여기서 '박물관'이란 한정된 물리적 공간이나 장소가 아니라 예전에는(그러나 이제는 더 이상 그렇지 않은) 참되고 결정적이라고 느껴졌던 것들이 향해가는 분리된 차원을 가리킨다. 이런 의미에서 박물관은 (유네스코에 의해 세계유산으로 지정된 포르투갈의 에보라와 베네치아처럼) 도시 전체, (공원이나 자연보호지로 지정됐을 때의) 지역, 심지어는 (사라져가는 삶의 형태를 대표하고 있는 한에서) 개인들의 집단과도 합치할 수 있다. 하지만 더 일반적으로는 오늘날 모든 것이 박물관이 되고 있다. 왜냐하면 이 용어는 사용하기, 거주하기, 경험하기의 불가능성을 드러내 보여줄 뿐이기 때문이다.

그러므로 박물관에서 자본주의와 종교의 유사성은 분명해진다. 박물관은 일찍이 희생제의의 장소로 신전에 할애된 바로 그 공간과 기능을 차지한다. 신전의 신자들(신전에서 신전으로, 성지에서 성지로 지구를 가로질러 이동하는 순례자들)은 오늘날 일종의 박물관으로 외화된 세계를 쉴 새 없이 여행하는 관광객들에 대응한다. 그러나 신자와 순례자가 제물을 성스러운 영역에 분리해놓음으로써 신적인 것과 인간적인 것 사이의 올바른 관계를 재수립했던 희생제의에 마지막이 되어서야 참가했던 반면에, 관광객은 모든 가능한 사용의 파괴라는 고통스런 경험으로 이뤄진 희생제의적 행위를 스스로 기념한다. 그리스도교도들이 '순례자,' 즉 지상의 이방인들이었다면 그것은 그들의 조국이 하늘에 있었기 때문이다. 이와 마찬가지로 새로운 자본주의적 제의의 신봉자들은 분리의 순수한 형식에 거주하기 때문에 그 어떤 조국도 갖고 있지 않다. 그들은 가는 곳마다 자기네 집과 도시에서 알았던 주거의 불가능성과 똑같은 것이, 슈퍼마켓·쇼핑몰·텔레비전 쇼에서 겪었던 사용의 불가능성과 똑같은 것이 더 극단화되어 있음을 알게 된다. 이 때문에 자본주의적 종교의 제의와 중앙제단을 대표하고 있는 것으로서의 관광은 매년 6억5천만 명 이상을 포괄하는 세계의 가장 주요한 산업이다. 수백만 명의 보통 사람들이 어쩌면 자신들이 겪을 수 있는 가장 절망적인 경험(모든 사용의 회복불가능한 상실, 세속화하기의 절대적인 불가능성)을 몸소 수행하고 있다는 사실보다 놀라운 것은 아무것도 없다.

    그렇지만 (자본주의적 종교가 기초하는) 세속화할 수 없는 것이 진정으로 세속화할 수 없는 것은 아니며, 오늘날에도 여전히 유효한 세속화의 형태가 있을 수도 있다. 이런 이유로 우리는 세속화가 종교, 경제, 혹은 사법 영역으로 분리되기 이전에 존재한 자연적 사용 같은 것을 단순하게 복원하는 것이 아니라는 점을 떠올려야만 한다. 놀이의 예가 명확하게 보여주듯이 이런 작업은 놀이보다 더 정교하고 복잡하며, 사용의 너머에 있거나 앞에 있는 오염되지 않은 사용을 다시 얻기 위해 분리의 형식을 폐지하는 것으로 한정되지 않는다. 심지어 자연 속에서도 세속화가 있다. 어린아이들이 과거에는 경제적 영역에 속한 고대의 종교적 상징이나 물건을 가지고 놀듯이, 실을 감아 만든 공을 쥐인 양 가지고 노는 고양이는 포식활동(또는 어린아이들의 경우에는 종교적 숭배나 노동의 세계)의 특징적 행태를 일부러 헛되이[무의미하게] 사용한다. 그러나 이런 행태는 그냥 없어지는 것이 아니라 쥐를 실타래로(혹은 성스러운 물건의 경우에는 장난감으로) 대체한 덕분에 비활성화되며, 이리하여 새롭고 가능한 사용에 열리게 된다.

그런데 어떤 사용인가? 실을 감아 만든 공으로 고양이는 무슨 사용을 가능케 하는가? 그것은 어떤 주어진 영역 내부에서 하나의 행태를 유전적 등록(포식활동, 사냥)으로부터 자유롭게 해준다. 이 자유로운 행태는 그 행태를 속박한 활동의 형식을 여전히 재생산하고 모방하지만, 그 형식의 의미와 어떤 목적에 대한 일체의 의무적 관계를 텅 비게 만들면서 새로운 사용을 위해 그 형식을 열고 이용할 수 있게 만든다. 실타래를 가지고 노는 놀이는 쥐를 먹잇감이 되는 것에서부터 해방시키며, 쥐가 포획과 죽음으로 향해갈 수밖에 없음으로부터 포식활동을 해방시킨다. 그렇지만 그 놀이는 사냥을 정의하던 바로 그 형태를 연출한다. 그러므로 이로부터 귀결되는 활동은 순수한 수단, 즉 하나의 수단으로서 그 본성을 확고하게 유지하면서도 목적에 대한 관계로부터 해방된 실천이 된다. 그것은 자신의 목적을 즐겁게 잊어버리며 이제 자신을 그 자체로서, 즉 목적 없는 수단으로서 보여줄 수 있다. 새로운 사용의 창조는 오래된 사용을 비활성화함으로써만, 오래된 사용을 무위로inoperative 만듦으로써만 가능하다.

그리고 무엇보다 분리는 신체의 영역에서 실행되기도 한다. 몇몇 생리적 기능의 억압과 분리로서 말이다. 이런 기능 중 하나가 우리 사회에서는 (행태와 언어활동 둘 다에 관련된) 일련의 장치와 금지에 의해 격리되고 감춰지는 배변이다. '배변을 세속화한다'란 어떤 뜻일 수 있을까? 소위 자연스러움을 회복한다거나, 자연스러움을 단순히 도착적 위반으로서 즐긴다는 것은 분명히 아니다(물론 이것은 없는 것보다는 여전히 더 낫다). 오히려 배변을 세속화한다는 것은 자연과 문화, 사적인 것과 공적인 것, 단독적인singolare 것과 공통적인 것이라는 양극이 긴장을 빚는 장으로서의 배설에 고고학적으로 도달하는 문제이다. 즉, 억압과 분리가 개입하기 전에 어린아이들이 자기 식대로 [배변을 보고자] 노력하듯이, 똥에 대한 새로운 사용을 배우는 것이다. 이런 공통의 사용 형태들은 집단적으로만 발명될 수 있다. 일찍이 이탈로 칼비노가 지적했듯이, 똥은 다른 모든 것처럼 인간의 생산물이며, 똥의 역사에 대해서만은 결코 씌어진 것이 없다.15) 이 때문에 똥을 세속화하려는 모든 개인적 시도는 루이 브뉘엘의 어느 영화16)에 나오는 탁자에 둘러앉아 배설하는 만찬회 장면에서처럼 그저 패러디적 가치만을 가질 수 있을 뿐이다.

확실히 여기서 똥이란 분리됐던 것, 그리고 공통의 사용으로 되돌려질 수 있는 것의 상징일 뿐이다. 그러나 분리 없는 사회가 과연 가능할까? 어쩌면 질문이 잘못 정식화된 것 같다. 왜냐하면 세속화한다는 것은 단순히 분리를 폐지하고 지운다는 것이 아니라 분리를 새로운 사용에 집어넣는 것을 배운다는 것, 분리를 가지고 노는 것을 배운다는 뜻이기 때문이다. 계급 없는 사회란 계급적 차이의 모든 기억을 폐지하고 잃어버린 사회가 아니라 새로운 사용을 가능하게 만들기 위해서, 그런 차이를 만들어내는 장치들을 비활성화해 그 차이 자체를 순수한 수단으로 변형하는 법을 배운 사회이다.

하지만 순수 수단의 영역만큼 깨지기 쉽고 불안정한 것은 없다. 우리 사회에서 놀이는 삽화적 성격을 갖고 있으며, 그 뒤에 보통의 삶은 제 흐름을 되찾아야 한다(그리고 고양이는 사냥을 계속해야만 한다). 장난감을 갖고 노는 놀이가 끝났을 때 그 장난감이 얼마나 끔찍하고 불안하게 만들 수 있는지를 어린아이들보다 잘 아는 사람은 없다. 해방의 도구는 볼품없는 나무 조각이 되며, 소녀가 애정을 쏟은 인형은 사악한 마술사가 불잡고서는 마법을 걸어 우리에 맞서서 사용하는 차갑고 창피스러운 밀랍인형이 된다.

여기서 말하는 사악한 마술사란 자본주의적 종교의 고위 성직자이다. 자본주의적 제의의 장치들이 그토록 효과적이라면, 그것은 이 장치들이 [인간의] 주요 행동에 작용하기 때문이라기보다는 순수 수단, 즉 자신에게서 분리되어 그 어떤 목적과의 관계에서도 떨어져 나온 행동에 작용하기 때문이다. 최종 단계에 이른 자본주의는 순수 수단, 즉 세속화하는 행동을 포획하는 거대한 장치에 불과하다. 모든 분리의 비활성화와 파열을 표상하는 순수 수단은 다시 특별한 영역으로 분리된다. 언어활동이 그 예이다. 확실히 권력은 늘 자신의 이데올로기를 유포하고 자발적 복종을 끌어내는 수단으로 언어활동을 사용하면서 사회적 의사소통을 통제하려고 해왔다. 그러나 오늘날 이런 도구적 기능은 (위험상황이나 예외상황이 생겼을 때 체제 주변에서는 아직 효과적이지만) 상이한 통제절차에 제 자리를 양보했다. 이 절차는 언어활동을 스펙터클한 영역으로 분리함으로써 그 공허 속에서, 그 가능한 세속적 잠재력에서 사회적 의사소통을 습격한다. 선전활동의 기능은 언어활동을 어떤 목적을 겨냥한 도구로 보는 데 있다. 그러나 이보다 더 중요한 기능은 특히 순수 수단, 즉 자신을 의사소통이라는 목적에서 해방시킴으로써 새로운 사용을 위해 이용할 수 있는 것으로 만드는 언어활동을 포획하고 무력화하는 데 있다.

미디어[매개]장치들의 목적은 바로 순수 수단인 언어활동의 이 세속적 힘을 무력화하고 언어활동이 말의 새로운 사용, 새로운 경험의 가능성을 열어젖히지[탈은폐하지] 못하게 만드는 것이다. 처음 두 세기 동안의 희망과 기다림 이후에 일찍이 그리스도교 교회는 바울로가 메시아적 선포의 중심에 놓으며 피스티스^{pistis}, 즉 신앙이라고 부른 말의 새로운 경험을 무력화하는 것이야말로 자신의 본질적인 기능임을 인식했다. 이와 똑같은 일이 스펙터클한 종교의 체계 속에서도 일어난다. 이 체계에서는 미디어의 영역에서 보류되고 진열된 순수 수단이 자신의 공허함을 보여주며 오로지 자신의 무無만을 말한다. 마치 그 어떤 새로운 사용도 가능하지 않다는 듯이, 마치 그 어떤 말들의 다른 경험도 가능하지 않다는 듯이 말이다.

다른 무엇보다도 순수 수단의 이런 무화無化는 세속화할 수 없는 것을 산출하려는 자본주의적 꿈을 실현한 것처럼 보이는 장치들에서 가장 분명하다. 에로틱한 사진의 역사에 조금 밝은 사람들이라면 초창기의 모델들은 낭만적인, 거의 꿈을 꾸는 듯한 표정을 꾸민다는 것을 알고 있다. 마치 카메라가 규방의 내밀한 곳에서 그녀들을 몰래 찍었다는 듯이. 어떤 때는 브루노 브라케[17]와 루이-카미유 돌리비에[18]의 몇몇 누드 사진에서처럼, 소파 위에서 잠을 자다 게으르게 기지개를 켜며 일어나거나 심지어 독서를 하는 것처럼 꾸민다. 또 어떤 때는 여자들이 거울에 비친 자기를 들여다보고 있는데 경솔한 사진작

브루노 브라케의 「멋진 독서」(1854/왼쪽), 오귀스트 벨록의 「거울과 함께 한 델핀 에르베의 누드」 (1855/오른쪽), 루이-카미유 돌리비에의 「누워 있는 누드」(1854/아래).

가가 그것을 용케도 잡아냈다는 식이다(오귀스트 벨록[19])이 이런 장면을 좋아했다). 하지만 곧 상품과 교환가치의 자본주의적 절대화와 발맞춰 그녀들의 표정은 바뀌었으며 더 뻔뻔해졌다. 이들이 취한 포즈도 훨씬 복잡해졌고 생기가 있었다. 모델들이 마치 의도적으로 자신들의 외설스러움을 과장하고, 따라

『모니카와의 여름』(1952)은 유리그릇 가게에서 일하는 18세의 해리와 과일가게에서 일하는 17세 소녀 모니카의 성장통을 통해 당대 스웨덴 젊은이들의 일상을 예리하게 파헤친 작품이다. 본문에서 아감벤이 언급하고 있는 위 장면은 해리와 결혼해 딸을 낳은 모니카가 힘들고 따분한 결혼생활을 견디지 못하고 다른 남자를 침대로 끌어들이는 시퀀스에서 나온다.

서 렌즈에 노출되어 있다는 것을 자신들이 알고 있음을 보여주는 듯이 말이다. 그러나 이런 과정이 최종단계에 도달한 것은 우리 시대에서일 뿐이다. 영화사가들은 『모니카와의 여름』에서 (해리에트 안데르손이 연기한) 주인공 모니카가 몇 초 동안 갑자기 시선을 카메라에 고정시켰을 때의 시퀀스를 당황스러울 만큼 신선하다고 기록했다("바로 여기서 영화사상 최초로 관객과의 스스럼없고 직접적인 접촉이 수립됐다"[20])고 감독 잉그마르 베르이만은 논평했다). 그 이후 포르노그래피는 이런 절차를 진부한 것으로 만들어버렸다. 요컨대 이제 포르노 스타들은 자신들의 가장 내밀한 애무를 실행하는 바로 그 행위 도중 의연하게 카메라를 직시한다. 마치 자기의 파트너보다 [자신들을 보고 있는] 관람객에게 더 흥미를 느끼고 있다는 점을 보여주려는 듯이 말이다.

따라서 벤야민이 1936년 「수집가이자 역사가 에두아르트 푹스」를 쓰면서 명료하게 밝힌 원리가 완전히 실현된다. 벤야민은 이렇게 썼다. "여기서[나체 사진] 무엇인가가 성적으로 흥분시키는 작용을 하고 있다면 그것은 나체의 모습 자체라기보다는 오히려 나체가 된 몸이 카메라 앞에서 전시되고 있다는 생각이다."[21] 이보다 1년 전, 벤야민은 기술복제시대에 예술작품이 겪는 변화를 특징짓기 위해 '전시가치'^{Ausstellungswert}라는 개념을 만들었다.[22] 완성된 자본주의 시대에 사물, 그리고 심지어 인간 신체가 맞이하는 새로운 조건을 이보다 더 잘 특징짓는 것은 없다. 사용가치 대 교환가치라는 맑스적 대립에 세 번째 항으로서 도입되는 전시가치는 처음 두 개로 환원될 수 없다. 전시가치는 전시되는 것[대상] 자체가 사용의 영역에서 제거되기 때문에 사용가치가 아니며, 결코 그 어떤 노동력도 측정하지 않기 때문에 교환가치도 아니다.

그러나 전시가치의 메커니즘이 그 고유한 장소를 발견하는 곳은 바로 인간 얼굴의 영역에서일 뿐이리라. 누군가가 자신을 보고 있음을 느낄 때 여성의 얼굴이 무표정하게 변하는 것은 흔한 일이다. 즉, 시선에 노출되어 있음에 대한 자각은 의식 속에 진공상태를 만들며, 보통 얼굴에 활기를 불어넣는 표현적 과정을 붕괴시키는 힘으로 작용한다. 패션모델, 포르노 스타, 그밖에 자신을 보여주는 것이 직업인 사람들이 배워서 획득해야만 하는 것은 바로 이처럼 낯 두꺼운 무관심이다. 이들은 보여주기 자체(즉, 우리 자신의 절대적인 매개성)만을 보여줄 뿐이다. 이런 식으로 얼굴은 폭발 일보직전까지 전시가치를 잔뜩 안게 된다. 그렇지만 표현성의 이런 무화를 통해서 에로티즘은 제 자리를 차지할 수 없었던 곳, 즉 인간의 얼굴에까지 파고든다. 인간의 얼굴은 항상 이미 벌거벗었기에 나체를 알지 못한다. 일체의 구체적 표현성을 넘어선 순수 수단으로서 전시된 얼굴은 에로틱한 의사소통의 새로운 사용, 새로운 형식을 위해 이용될 수 있게 된다.

자신은 예술적 퍼포먼스를 행할 뿐이라고 말하는 어느 포르노 스타는 최근 이런 방법을 극단으로까지 밀어붙였다. 그녀는 가장 외설적인 행위를 수행하거나 당하면서 사진에 찍히는데, 그래서 그녀의 얼굴은 늘 정면에서 똑바로 보이게 된다. 하지만 이 장르의 관례에 따라 쾌락을 가장하는 대신에 그녀는 가장 절대적인 무관심, 가장 스토아적인 아타락시아를 마치 패션모델처럼 꾸미며 전시한다. 클로에 데 뤼세[23]는 누구에게 무관심할까? 자신의 파트너에게 무관심하다는 것은 확실하다. 하지만 관객들에게도 무관심하다. 관객들은 자신이 시선에 노출되어 있음을 알고 있음에도 스타인 그녀가 자신들과 최소한

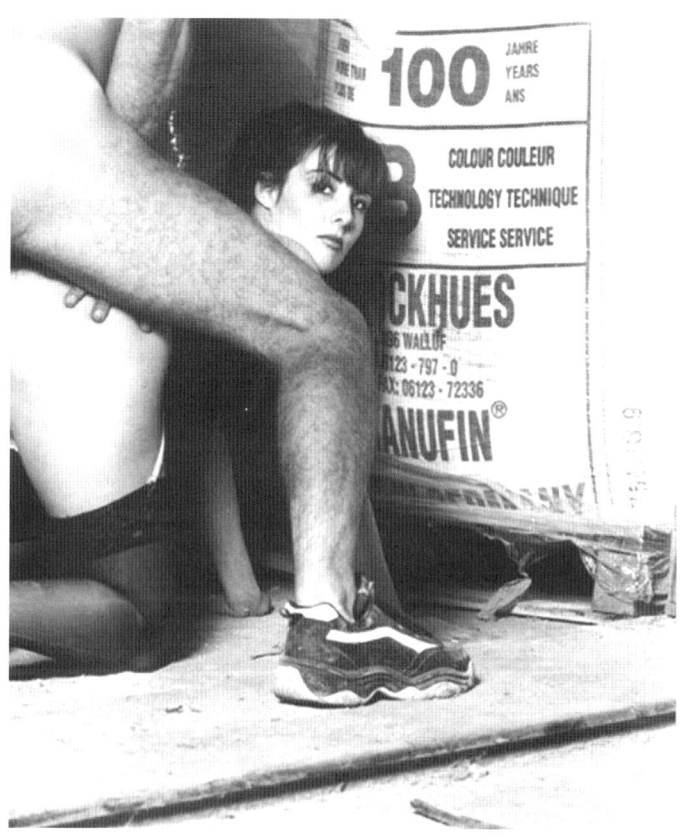

프랑스의 사진작가 베낭퇴르 다망과 1996년부터 공동 작업을 시작한 데 뤼세는 행위와 표정의 불일치를 극대화한 누드사진, 요컨대 에로틱하기보다는 가학적·피학적인 성행위를 하면서도 표정 없이 혹은 정숙한 표정으로 카메라의 정면을 주시하는 사진으로 큰 주목을 받았다. 일찍이 아감벤은 카메라를 쳐다보는 포르노 여배우의 이런 '응시'가 그 자신의 신체를 더 이상 사랑하고 고통받고 배고파 하는 실재적인 살(肉)이 아니라 일종의 수단, 즉 재현의 매개를 가리키는 이미지임(구경꾼들 앞에서 상품화된 성행위를 재연하는 매개로서의 신체)을 드러내는 과정에 주목했다.

의 공모관계조차도 갖고 있지 않다는 것을 발견하고는 놀라게 된다. 전혀 감정이 실리지 않은 뤼세의 얼굴은 산 경험과 표현의 영역 사이의 모든 연결을 끊어버린다. 뤼세의 얼굴은 더 이상 아무것도 표현하지 않으며, 그 어떤 표현의 암시도 없이 하나의 장소로서, 순수 수단으로서의 자신을 보여준다.

포르노그래피라는 장치가 무력화하고자 하는 것이 바로 이런 세속적 잠재력이다. 이 장치가 포획하는 것은 에로틱한 행동을 그 직접적인 목적으로부터 떼어내 헛돌게 만듦으로써 그 행동을 세속화할 수 있는 인간의 능력이다. 이런 행동이 파트너의 쾌락보다는 섹슈얼리티의 집단적 사용과 관련된 상이하고 가능적인 사용에 열려지는 반면, 포르노그래피는 바로 이 지점에 개입해 세속화려는 의도를 차단하고 이탈시킨다. 그러므로 포르노그래피의 이미지가 지닌 고독하고 필사적인 소비는 새로운 사용의 약속을 대체한다.

모든 권력장치는 늘 이중적이다. 권력장치는 한편으로 각 개인의 주체화하는 행동으로부터 생겨나며, 다른 한편으로는 분리된 영역에서 그 행동을 포획함으로써 생겨난다. 개인의 행동 자체에는 비난받을 것이 아무것도 없다. 오히려 개인의 행동은 해방적 의향을 표현할 수 있다. (정황이나 무력에 의해 강제되지 않았으면서도) 장치들 속에서 스스로 포획되게끔 내버려뒀을 때, 바로 그때에야 개인의 행동은 비난받을 수 있다. 포르노 스타의 뻔뻔한 몸짓도, 패션모델의 감정이 실리지 않은 얼굴도 그 자체로서는 비난받지 않는다. 오히려 정치적으로나 도덕적으로나 남부끄러운 것은 그런 얼굴을 [원래의] 가능한 사용으로부터 다른 곳으로 향하게 만들어온 포르노그래피라는 장치이며, 패션쇼라는 장치이다.

　세속화하려는 진정한 의도를 포박^{捕縛}하고 그 방향을 딴 데로 돌리는 것에 기초할 때 포르노그래피는 세속화할 수 없는 것이 되고, 모든 것은 세속화할 수 없게 된다. 우리가 항상 장치들(모든 장치)로부터 그 장치들이 포획한 사용의 가능성을 되찾아야만 하는 이유가 바로 이 때문이다. 세속화할 수 없는 것의 세속화야말로 도래할 세대의 정치적 과제이다.

10 영화사에서 가장 아름다운 6분
I sei minuti più belli della storia del cinema

산초 판사는 어느 시골 마을의 영화관에 들어간다. 산초는 돈키호테를 찾고 있는데, 구석에 혼자 앉아서 스크린을 주시하는 돈키호테를 발견한다. 극장은 거의 만원이다. 발코니(일종의 거대한 테라스)는 시끄럽게 떠드는 어린아이들로 가득 채워져 있다. 돈키호테에게 다가가려고 여러 차례 시도했으나 실패한 다음, 산초는 마지못해 무대 앞 객석의 한 자리에, 어떤 소녀(둘시네아?)의 옆에 앉는다. 그녀는 산초에게 막대사탕을 내민다. 영화는 이미 시작했다. 사극영화이다. 스크린에는 무장한 기사들이 말을 달리고 있다. 갑자기 어떤 여자가 나타난다. 그녀는 위험에 처해 있다. 돈키호테가 갑자기 일어나 검을 빼들고 스크린으로 돌진해 큰 소리를 지르며 스크린을 찢기

이 글은 미국의 전설적인 영화감독 오슨 웰스(1915~1985)의 미완성작 『돈키호테』의 한 시퀀스를 분석한 것이다. 이 문제의 시퀀스는 그 존재가 소문으로만 알려져 있다가 1990년 이탈리아의 편집 기사 마우로 보나니에 의해 공개됐다. 웰스의 마지막 연인이자 모든 유작 필름의 법적 상속인이었던 크로아티아 태생의 여배우 오야 코다(1941~)는 당시 스페인의 영화제작자들과 『오슨 웰스의 돈키호테』라는 제목으로 편집판을 준비 중이었는데, 이 시퀀스의 정당한 소유권을 둘러싸고 보나니와 법적 분쟁을 벌였지만, 결국 이 시퀀스를 편집판에 넣을 수는 없었다. 이 시퀀스가 빠진 편집판은 1992년 칸느영화제에서 처음 공개됐다.

시작한다. 스크린에는 여전히 여자와 기사들이 보이지만, 돈키호테의 검에 의해 열려진 검은 균열이 점차 커져 이미지들을 무참히 먹어치운다. 마침내 스크린에는 아무것도 남지 않으며, 스크린을 떠받치는 판자만 보이게 된다. 화가 치민 관객들은 극장을 떠나지만, 발코니에 있는 어린아이들은 돈키호테를 열렬히 응원한다. 객석에 앉아 있는 소녀만이 돈키호테에게 비난의 눈초리를 보낸다.[1]

과연 우리는 우리의 상상력으로 무엇을 하는가? 그 자체를 파괴하고 속이게 되는 지점까지 상상력을 사랑하고 믿는 것이다(어쩌면 이것이 오슨 웰스의 영화[2]가 지닌 의미일 것이다). 그러나 결국 상상력이 공허하고 충족되지 않는다는 것이 드러날 때, 그저 상상력이 만들어냈던 것의 무가치함을 상상력이 보여줄 때, 그때에야 우리는 비로소 그 진실의 대가를 치를 수 있으며, 둘시네아(우리가 구해냈던 그녀)[3]가 우리를 사랑할 수 없다는 사실을 이해할 수 있다.

옮긴이 상세 주석

1. 게니우스

1 윌리엄 셰익스피어, 김정환 옮김, 『폭풍우』(1610~11), 아침이슬, 2008, 121쪽.

2 "Genius meus nominatur, quia me genuit." 이 구절은 이탈리아의 시인 지랄두스(Lilius Gyraldus, 1479~1552)의 신화 연구서에 나온다. *Historiae Deorum Gen-tilium*, Basileae: Oporinus, 1548, XV, p.598.

3 "[U]nde venerantes deum tangimus frontem." 이탈리아의 문법학자 세르비우스(4세기경)가 베르길리우스의 『아이네이스』(*Aeneis*, BC 19)를 분석한 책에 나오는 말. Maurus Servius Honoratus, *Servii Grammatici qui feruntur in Vergilii carmina commentarii*, recensuerunt Georgius Thilo und Hermannus Hagen, Leipzig: Teubner. 1881, III, 607.

세르비우스의 텍스트

4 Friedrich Hölderlin, "Dichterheruf," *Sämtliche Werke*, Hrsg. Friedrich Beissner, Frankfurt: Insel, 1961, p.262.

5 발저(Robert Walser, 1878~1956)는 동시대의 독일어권 작가들이 경애한 스위스 작가이다. 실존의 두려움을 경쾌한 문체로 그린 단편들로 유명한데, 발저는 두께가 매우 얇은 펜으로 글씨를 작게 썼기 때문에 편집자들조차 독해하기가 힘들었다고 한다.

로베르트 발저

6 이 글의 초판에는 원래 이 단락이 없다. 본문의 각주 (16쪽)를 참조하라.

7 Gilbert Simondon, *L'Individu et sa genèse physico-biologique*, Paris: PUF, 1964; *L'Individuation psychique et collective*, Paris: Aubier, 1989.

미국의 화가 이반 올브라이트가 그린 도리언의 초상화(1945)

8 아일랜드의 작가 와일드(Oscar Wilde, 1854~1900)가 1890년 발표한 소설『도리언 그레이의 초상』(*The Picture of Dorian Gray*)의 주인공. 젊은 미남인 도리언은 친구가 그려준 자신의 초상화를 보고는 자기 대신에 초상화가 늙는다면 영혼이라도 팔 수 있다고 맹세한다. 소원대로 초상화가 자신에게 주어진 시간의 짐을 대신 지고 가는 일이 벌어지자 도리언은 마음껏 온갖 죄를 짓는다. 도리언이 더욱더 악과 관능의 세계에 빠져들수록 도리언의 초상화에는 온갖 악행의 흔적이 새겨지며 시시각각 변한다.

자코모 레오파르디

9 아감벤이 말하는 '어떤 시인'은 레오파르디(Giacomo Leopardi, 1798~1837)이다. 말년의 레오파르디는 나폴리의 토레델그레코라는 도시에 머문 적이 있는데, 이때 아이스크림으로 유명한 아르누보 풍의 카페 '그란카페 팔룸보'(Gran Cafe Palumbo)에 들른 뒤 열렬한 아이스크림광이 됐다고 한다. 한편 아감벤이 말하는 '어떤 철학자'의 모습은 게르숌 숄렘이 들려준 벤야민의 모습이다. 1913년 가을경 숄렘은 유대인 단체가 주최한 어느 토론회에서 벤야민을 처음 만났는데 그곳에서 벤야민은 "청중에게 눈길 한번 주지 않고 천장의 한쪽 귀퉁이에 시선을 고정시킨 채 즉흥연설을 했다. 내가 기억하기로는 상당히 격정적으로 열변을 토했는데 바로 활자화해도 될 만했다." Gershom Scholem, *On Jews and Judaism in Crisis: Selected Essays*, New York: Schocken Books, 1976, p.173.

10 프로스페로가 모든 임무를 마친 에어리엘을 약속대로 놓아주며 하는 말(제5막). 원래 표현은 "자연력으로/자유로이 돌아가라(to the elements/ be free)이다. 셰익스피어, 『폭풍우』, 120쪽.

11 '충족된 밤'(notte esaudita)이라는 이 표현은 아감벤이 『열림』에서 말한 적이 있는 '구원된 밤'(notte salva)을 연상시킨다. Girogio Agamben, *L'aperto: L'uomo e l'animale*, Torino: Bollati Boringhieri, 2002, §18. 여기서 아감벤은 벤야민이 독일의 신학자 랑(Florens Rang, 1864~1924)에게 보낸 편지(1923년 12월 9일자)에서 사용한 '구출된 밤'(die gerettete Nacht)이라는 표현을 분석한다. Walter Benjamin, *Gesammelte Briefe*, Bd.2, Hrsg. Christoph Gödde und Henri Lonitz, Frankfurt am Main: Suhrkamp, S.393.

12 "[I]l lungohissimo disapprendimento di sé." 이 표현은 미셸 푸코가 '성의 역사' 3부작의 2부에 해당하는 『쾌락의 활용』 서문에서 사용한 "자기 자신에게서 벗어남"(Se déprendre de soi-même)이라는 표현의 이탈리아어 번역에 해당한다. Michel Foucault, *Histoire de la sexualité*, t.2: L'usage des plaisirs, Paris: Gallimard, p.15. [문경자·신은영 옮김, 『성의 역사 제2권: 쾌락의 활용』(개정판), 나남, 2004, 23쪽.] 『쾌락의 활용』의 영어판 옮긴이가 이 구절을 "자기 자신으로부터 자유로워짐"(to get free of oneself)이라고 옮긴 이래로 영미권에서는 이런 해석이 널리 받아들여졌는데, 푸코가 말하려고 하는 바는 단지 자아를 있는 그대로 놔둔 채 잊는다는 것이 아니라 자아 자체, 혹은 자아를 자아로서 인식할 수 있게 해주는 일체의 요소를 해체해 재구성한다는 것에 가깝다. 이런 점에서 이 구절은 차라리 "자아의 풀어헤침"(undoing oneself)에 근접한다.

『쾌락의 활용』 프랑스어판 표지(1984)

2. 미술과 행복

1 Walter Benjamin, *Über Haschisch: Novellistisches, Berichte, Materialien*, Hrsg. Tillman Rexroth, Frankfurt am Main: Suhrkamp, 1972; "Fritz Fränkel: Protocol of the Mescaline Experiment of May 22, 1934," *On Hashish*, ed. Howard Eiland, Cambridge, MA: Belknap Press, 2006, p.87.

2 Wolfgang Amadeus Mozart, "Brief an Bullinger aus Paris vom 7. 8. 1778," *Mozart Briefe*, Hrsg. Wolfgang Hildesheimer, Frankfurt am Main: Insel, 1977, S.74; "Wolfgang Amadeus Mozart to Joseph Bullinger, Aug. 7, 1778," *The Letters of Mozart and His Family*, 2nd ed., ed. Emily Anderson, A. Hyatt King and Monica Carolan, vol.2, London: Macmillan, 1966, p.594.

3 hubris. 원래 가해자가 필요 이상으로 희생자를 욕보이거나 수치스럽게 하는 행위를 뜻한다. 예컨대 (전쟁터에서 자신이 죽인) 시체를 일부러 훼손하거나 패배한 적을 모욕하는 행위 등이 그런 것인데, 호메로스의 『일리아드』에서 아킬레우스가 헥토르의 시신을 전차에 매단 채 끌고 다닌 일이 좋은 예이다. 또한 소포클레스의

프란츠 마취, 「헥토르의 시신을 끌고 다니는 아킬레우스」(1892)

『오이디푸스 왕』에서 오이디푸스가 자신의 친부 라이오스 왕을 죽이고 친모 요카스타 여왕과 결혼하게 되는 것 역시 휘브리스의 일종이다. 이런 점에서 휘브리스는 영웅의 몰락을 가져오는 원인이 되기도 한다. 신(또는 신들의 법)에게 도전하는 행위도 휘브리스에 속하는데, 이런 경우에 휘브리스는 (신 또는 권위에 대한) '지나친 자만심'을 뜻하기도 한다.

4 Immanuel Kant, "Die Metaphysik der Sitten"(1797), *Gesammelte Schriften*, Bd.6, Hrsg. Paul Natorp, Berlin: Königlich Preußischen Akademie der Wissenschaften/ W. de Gruyter, 1907, S.481; *The Metaphysics of Morals*, trans. Mary Gregor, Cambridge: Cambridge University Press, 1996, p.224. 칸트는 행복을 인간이 지닌 모든 경향성(연장적, 밀도적, 지속적 경향성)의 충족이라고 정의한다. 그런데 이때 '경향성'(Neigung)이란 동물로서의 인간이 지니는 습관적인 감성적 욕망이기 때문에 행복 자체는 선이 아니다. 행복이 선이 되기 위해서는 행복할 만한 자격[품격], 즉 윤리적으로 훌륭한 처신과 합일된 상태에 있어야 한다. "행복할 자격이 있는 이성적 존재자들의 윤리성과 정확하게 비례하는 행복만이 우리가 순수하고도 실천적인 이성의 지시 규정들에 따라 꼭 옮겨가야 할 세계의 최고선을 형성한다." 즉, 칸트의 윤리학은 '경향성'이 아니라 '이성'에 근거하는 의무의 윤리학이라고 할 수 있다. 임마누엘 칸트, 백종현 옮김, 『순수이성비판 2』, 아카넷, 2006, 934~941쪽. 또한 다음을 참조하라. 사카베 메구미 외, 이신철 옮김, 『칸트사전』, 도서출판b, 2009, 22쪽; Howard Caygill, *A Kant Dictionary*, Oxford: Blackwell, 1995, p.253.

5 Amphitryon. 괴물 메두사의 머리를 벤 것으로 유명한 페르세우스의 손자. 암피트리온은 자신의 숙부이자

암피트리온과 알크메네

미케네 왕인 엘렉트리온의 딸 알크메네와 사랑에 빠지는데 그만 실수로 엘렉트리온을 죽이게 된다. 이에 알크메네는 자신의 형제들을 죽인 타포스인들에게 복수해줄 때까지 청혼을 받아들이지 않겠다고 말하는데, 암피트리온이 타포스섬을 점령하러 간 사이에 제우스가 알크메네와 동침을 하게 된다.

6 발터 벤야민, 반성완 옮김, 「프란츠 카프카」, 『발터 벤야민의 문예이론』, 민음사, 1983, 68쪽. 아감벤이 착각한 듯하다. 카프카와 대화를 나눈 건 야누흐(Gustav Janouch, 1903~1968)가 아니라 브로트(Max Brod, 1884~1968)이다. 벤야민은 브로트가 쓴 『프란츠 카프카: 전기』(Franz Kafka: Eine Biographie, 1937)에서 해당 구절을 인용하고 있다.

7 Franz Kafka, Tagebücher, Bd.3: Kommentarband (1914-1923), Frankfurt am Main: Fischer, 1990, S.866; The Diaries of Franz Kafka, 1910-1923, ed. Max Brod, trans. Joseph Kresh and Martin Greenberg, New York: Schocken, 1949, p.393.

8 '순수 수단'으로서의 몸짓에 관해서는 다음을 참조하라. 조르조 아감벤, 김상운·양창렬 옮김, 「몸짓에 관한 노트」, 『목적 없는 수단: 정치에 관한 11개의 노트』, 도서출판 난장, 2009, 59~72, 209~219쪽.

3. 심판의 날

마리오 돈데로

1 Mario Dondero(1928~). 이탈리아의 사진작가. 안토니오 그람시가 창간(1824년)한 이탈리아공산당 기관지 『단결』(L'Unità)의 사진작가로 출발한 뒤 1955년 프랑스로 건너가 '누보로망' 작가들을 비롯해 당대의 유명 지식인들을 카메라에 담아 유명해졌다. 현대 이탈리아 사진계를 대표하는 인물 중의 하나이다.

2 deriva. 여기서 아감벤은 자신이 즐겨 인용하는 기 드 보르의 '표류'(dérive) 개념을 염두에 둔 듯하다. 드보르가 말하는 '표류'란 도시 속의 다양한 환경을 재빨리 지나가는 기술이다(Guy Debord, "Théorie de la dérive," *Œuvres*, éd. Jean-Louis Rançon avec Alice Debord, Paris: Gallimard, 2006, p.251). 드보르는 기존의 도시 공간이 그 안에서 거주/이동하는 사람들의 동선이나 행동패턴을 특정한 방식으로 규정짓는 데 반발해 도시 공간의 잠재성을 개발하고 새로운 환경을 창출하기 위한 기술로 이 개념을 제시했다. 도시라는 공간을 어슬렁거린다는 점에서는 발터 벤야민이 (샤를 보들레르에 근거해 제시한) 만보/산보 개념과 비슷하지만, 좋은 의미로든 나쁜 의미로든 도시 경관의 매혹에 '붙들리는' 산보자와는 달리, 표류자는 도시의 스펙터클과 의식적으로 거리를 두려고 한다. 그래서 드보르는 아케이드 같은 상품물신의 공간이 아니라 스펙터클에서 배제된 공간이 표류에 적합한 장소라고 말하곤 했다. "잘 알려지지 않은 거리, 잘 알려져 있지 않기에 모든 조명을 다 밝힌 샹젤리제보다 더 활기 넘치는 곳" 말이다. Debord, "On détruit la rue Sauvage," *Œuvres*, p.148. '표류'는 드보르가 말하는 '심리지리학'(psycho-géographie)의 핵심 테크닉이기도 하다.

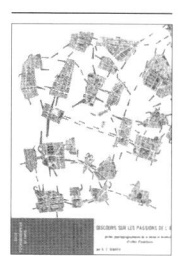

드보르가 '표류'를 통한 심리지리학으로 다시 그린 파리의 지도(1958).

3 다게르는 자신이 찍은 이 사진 아래에 '아침 8시'(Huit heures du matin)라고만 적어뒀다. 독일의 어느 사진연구자는 당대와 오늘날의 지도, 그림자의 길이, 카메라의 위치 등을 계산해 이 은판사진이 찍힌 날짜를 대략 1838년 4월 24일~5월 4일의 어느 날이라고 추정한 바 있다. Peter von Waldhausen, "Daguerre bevorzugtedie Senkrechten," *Photographie Schaffhausen*, vol.3, no.10, Oktober, Hambourg, 1983.

말년의 줄리앙 그린

4 Julien Green(1900~1998). 프랑스 태생의 미국 작가. 동료 작가인 모리악(François Mauriac, 1885~1970)과 더불어 20세기 가톨릭 문학의 대표자 중 하나로서 주로 신앙(믿음)과 위선의 문제를 다뤘다. 그러나 프랑스에서는 그의 소설보다 1926년부터 1998년까지 쓴 일기 (총 18권)가 더 유명하다.

5 Walter Benjamin, "Julien Green"(1929), *Gesammelte Schriften*, Bd.II-1, Hrsg. Rolf Tiedemann und Hermann Schweppenhäuser, Frankfurt am Main: Suhrkamp, 1977, S.331; "Julien Green," *Selected Writings*, vol.2: 1927-1934, ed. Michael W. Jennings, Howard Eiland and Gary Smith, trans. Rodney Livingstone, Cambridge, MA: Harvard University Press, 1999, p.333.

성 이레나이오스

6 아포카타스타시스(apokatastasis)는 '원상복구,' '회복'을 뜻하는 그리스어이다. 뒤에 이어지는 '복원/갱신'의 그리스어 아나케팔라이오시스(anakephalaiosis) 역시 이와 비슷한 의미를 지닌다. 그러나 이 두 표현이 딱 일치하는 것은 아니다. 아나케팔라이오시스는 사도 바울로가 에페소인들에게 보내는 편지에서 사용한 표현인데(1장 10절), 리옹의 이레나이오스[이레네우스](St. Irenaeos, 140?~202)에 의해 초기 그리스도교의 핵심 사상으로 정립됐다. 이레나이오스에 따르면, 탄생에서부터 십자가에 못 박힘까지 예수 그리스도의 삶은 아담의 타락 이후 인류가 살아온 삶을 압축적으로 반복한 것이다. 이 반복을 통해, 그리고 궁극적으로는 자신의 죽음을 통해 예수는 타락한 인류가 지키지 못하고 있는 하나님의 공의(公義)를 만족시켰고, 이로써 인류는 구원의 가능성을 얻는다. 이렇듯 예수 한 사람의 삶이 모든 인류의 삶을 대표/대리하는 것이 바로 아나케팔라이오시스이다. 이 그리스어의 라틴어 번역어가 '총

괄' 혹은 '요약'을 뜻하는 레카피툴라티오(recapitulatio) 인 이유가 바로 여기에 있다. 그런데 예수가 이처럼 인류를 자신 안에 총괄/요약하는 것은 인류를 타락 이전의 상태로 되돌리기 위해서이기 때문에 이는 인류의 '갱신'이기도 하다. 따라서 국내 신학자들은 통상 이 두 의미를 모두 포함해 아나케팔라이오시스를 '총괄갱신'으로 옮기는데, 이레나이오스는 사도 바울로의 다음과 같은 말이 이 사상을 압축해 보여준다고 말했다. "아담으로 말미암아 모든 사람이 죽는 것과 마찬가지로 그리스도로 말미암아 모든 사람이 살게 될 것입니다"(고린토인들에게 보낸 첫째 편지, 15장 22절). 한편, 아포카타스타시스는 알렉산드리아의 오리게네스(Origenēs, 185~254)에 의해 발전한 개념으로서 스토아주의-플라톤주의로 재해석된 아나케팔라이오시스 사상이라고 보면 된다. 오리게네스에 따르면 인간은 '영'(pneuma), '혼'(psychē), '몸'(sōma)으로 구분될 수 있다. 태초에 영적인 피조물들은 말씀(logos)의 비물질적이고 비가시적인 형상을 따라 창조됐다. 이 영들은 말씀에 참여함으로써 '하나님 아버지'를 숙고하고 그와 교제를 나눴다. 그런데 하나님으로부터 자유의지를 부여받은 이 영들은 하나님으로부터 독립하려고 함으로써 신적 열기를 잃고 혼이 되어버렸다(오리게네스는 '냉담한,' '차가움'을 뜻하는 그리스어 프쉬크로스[psyxros]가 프쉬케의 어원이라고 이해했다). 비록 혼이 되어버렸지만 영이었을 때의 자유의지를 희미하게나마 간직하고 있는 탓에 하나님은 혼이 원래의 상태를 회복하도록 강제할 수 없다. 그래서 만든 것이 물질세계이다. 요컨대 물질세계는 타락한 영들이 속죄를 위해 거주하는 공간이자 그들을 원래의 상태로 회복시키는 훈련장이다. 이런 물질세계에서 예수의 '말씀'을 좇아 기나긴 순례를 마친 뒤 혼

오리게네스

「하나님과 에덴 동산에서 함께 한 아담과 이브」(히에로니무스 보쉬, 『쾌락의 정원』[Tuin der lusten], 왼쪽 패널, 1480~90년경)

이 영적으로 창조된 처음 상태를 최종적으로 회복하게 되는 것이 바로 아포카타스타시스이다. 이 그리스어의 라틴어 번역어가 '레스티투티오 인 프리스티눔 스타툼'(restitutio in pristinum statum), 즉 '태초 상태로의 회귀'인 이유가 이 때문이다. 이렇듯 아나케팔라이오시스나 아포카타스타시스나 피조물이 하나님과의 관계를 회복해 그 본래의 상태로 돌아가는 것을 뜻하지만, 후자의 경우에는 그 '회복'이 절대적으로 보편적이라고 주장한다. 요컨대 아포카타스타시스는 죄인들이 지옥에서 영원한 형벌을 받는다는 성경의 가르침을 부정하고, 논리적으로 사탄의 구원까지 인정하게 된다(악 자체의 소멸은 바로 이런 구원을 통해서 이뤄진다). 이런 이유로 오리게네스의 사상은 이단시됐다고 전해진다.

7 발터 벤야민, 최성만 옮김, 「사진의 작은 역사」, 『기술복제시대의 예술작품/사진의 작은 역사 외』, 도서출판 길, 2008, 158쪽.

8 벤야민, 「사진의 작은 역사」, 169쪽. 한국어판은 이 구절을 "사람들은 다게르가 만든 최초의 사진들을 처음에는 오랫동안 바라볼 엄두를 내지 못했다"고 옮기고 있다. 그런데 이 번역은 그 '최초의 은판사진(들)'이 다게르가 찍은 사진들인 것처럼 읽히게 만들 우려가 있다. 여기서 문제되고 있는 사진들은 다게레오타입(즉, 은판사진술)으로 찍혔을 뿐 다게르가 찍은 사진들이 아니다. 실제로 다게르는 자신의 사진술이 긴 노출시간을 요구하기 때문에 결국 초상을 제작할 수 없다고 절망했다. 다게레오타입의 초상사진은 다게르가 만든 렌즈보다 스물두 배 더 밝게 이미지를 형성시키는 개량 렌즈, 옥소 대신에 할로겐으로 표면을 처리해 감광도를 높인 감광판, 감광판 위에 도금되어 풍부한 명암 표현을 가능케 한 염화금 용제 등 기술상의 혁신이 일어나면서 비로소 본격화됐다.

9 오리게네스의 신학에서 보면 '영광의 육체'는 하나님의 형상, 즉 '로고스'(하나님의 말씀)를 뜻한다.

10 "Look at my face: my name is Might Have Been; I am also called No More, Too Late, Farewell." 영국의 시인이자 화가인 로제티(Dante Gabriel Rossetti, 1828~1882)가 1869년에 쓴 「표제」(A Superscription) 첫 번째 연의 처음 두 행. 이 시는 로제티가 "생명의 거처"(The House of Life)라고 스스로 이름 붙인 연작 장편 소네트의 한 편으로서, 『발라드와 소네트』(*Ballads and Sonnets*, 1881)에 재수록됐다.

4. 조수들

1 발터 벤야민, 반성완 옮김, 「프란츠 카프카」, 『발터 벤야민의 문예이론』, 민음사, 1983, 69쪽.

2 Giovannin senza paura. 『그림 형제 동화집』(Kinderund Hausmärchen, 1812)에 수록된 「무서움이 무엇인지를 배우기 위해 길을 떠난 젊은이의 이야기」(Märchen von einem, der auszog das Fürchten zu lernen)의 이탈리아어 판본에 나오는 주인공. 그림 형제의 판본에는 이 '젊은이'의 이름이 따로 나오지 않지만 이탈리아의 소설가 칼비노(Italo Calvino, 1923~1985)가 『이탈리아 민담집』(Fiabe Italiane, 1956)을 펴내며 「겁 없는 조반닌」이라는 제목을 붙였다. 그러나 칼비노는 글 뒤에 붙인 노트를 통해서 이 이야기의 원형은 유럽 전역에서 발견된다고 언급하며 자신이 각색한 이야기가 꼭 그림 형제의 것은 아니라고 밝히고 있다. 실제로 이탈리아에서는 칼비노 이전에도 「겁 없는 조반니(닌)」라는 제목이 쓰였고, 프랑스의 경우에도 니베르네 지방의 전통 민담인 「겁 없는 장」(Jean-Sans-Peur)의 이야기와 유사한 것으로 이해되어 그런 제목으로 알려지기도 했다. 그런데 이 이야기에는 아감벤이 본문에서 말하는 '마법의 피조물,' 즉 러시아의 민속학자 프로프(Vladimir Propp, 1895~1970)가 말하는 '마술적 증여자'(마술의 힘이 깃든 물건을 건네주는 존재)나 '조력자'(주인공을 도와주는 존재)가 등장하지 않는다. 『그림 형제 동화집』에서 이 이야기와 유사한 모티프를 공유하고 있는 것은 「아무것도 두려워하지 않는 왕자」(Der Königssohn, der sich vor nichts fürchtete)인데, 이 이야기에서는 주인공인 왕자가 위기에 빠질 때마다 충직하고 영민한 사자가 도와준다. 아감벤이 이 이야기와 헷갈렸거나 「겁 없는 조반니(닌)」의 다른 판본이 있는 듯하다.

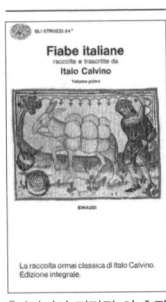

『이탈리아 민담집』의 초판 표지. 이 민담집은 애니메이션으로도 만들어졌다.

3 Carlo Collodi, *The Adventures of Pinocchio/Le avventure di Pinocchio: The Complete Text in a Bilingual Edition with the Original Illustrations*, trans. Nicolas J. Perella, Berkely: University of California Press, 1986, p.88/89. 영어와 이탈리아 대역판인 이 책은 왼쪽이 이탈리아어, 오른쪽이 영어 텍스트로 되어 있다.

4 원래 1880년 7월부터 이탈리아 최초의 어린이 주간지인 『어린이신문』(*Il Giornale dei Bambini*)에 연재됐던 『피노키오의 모험』은 15장에서 끝난다. 말하는 귀뚜라미의 간곡한 충고("집으로 곧장 돌아가라")를 무시한 피노키오는 자신의 금화를 빼앗으러 쫓아온 여우와 고양이의 칼에 찔리고 결국 나무에 목 매달린다. 그러나 독자들의 요청으로 콜로디(Carlo Collodi, 1826~1890)는 이후 21개의 새로운 장을 추가했고, 결국 36장으로 이야기를 끝맺는다(『피노키오의 모험』은 연재가 모두 끝난 1883년 단행본으로 출간된다). 15장의 끝부분은 이렇게 끝난다. "'아빠, 사랑하는 아빠! 아빠가 여기 계셨더라면!' 이것이 피노키오의 마지막 말이었다. 눈은 감기고, 입은 벌려지고, 두 다리를 축 늘어뜨린 채 피노키오는 나무에 계속 매달려 있었다. 마치 죽은 것처럼."

삽화가 카를로 키오스트리가 그린 15장 장면(1901)

5 Collodi, *The Adventures of Pinocchio/Le avventure di Pinocchio*, p.346/347. 루치뇰로(Lucignolo)의 본명은 로메오(Romeo)로 30장에서 처음 등장한다. '루치뇰로'는 이탈리아어로 '양초·호롱불의 심지'를 뜻한다.

6 Robert Walser, "Ich habe nichts," *Sämtliche Werke in Einzelausgaben*, Bd.5: Der Spaziergang. Prosastücke und kleine Prosa, Frankfurt am Main: Suhrkamp, 1985, S.124f; "I Have Nothing," *Masquerade and Other Stories*, trans.Susan Bernofsky, Baltimore: The Johns Hopkins University Press, 1990, pp.103~104.

스페이드가 마지막 대사를 하는 장면

7 "The stuff that dreams are made of." 미국의 소설가 해밋(Dashiell Hammett, 1894~1961)이 쓴 원작 『몰타의 매』(*The Maltese Falcon*, 1930)가 아니라 1941년 보가트(Humphrey Bogart, 1899~1957)가 주연한 동명의 영화에 나오는 유명한 대사이다. 순금으로 만들어진 줄 알았으나 납으로 만들어진 가짜임이 판명되는 매의 조각상을 두고 주인공 스페이드가 내뱉는 마지막 대사이다. 윌리엄 셰익스피어의 희곡 『폭풍우』(제4막 1장, 156~157행)에서 프로스페로가 하는 말("We are such stuff/ As dreams are made on")을 인용한 대사로 알려져 있으나 뉘앙스는 다소 다르다. 셰익스피어는 전치사 오브(of)가 아니라 온(on)을 쓰고 있기 때문이다. 요컨대 '우리'라는 물건/존재(stuff)는 꿈의 '재료'가 아니라 '근거' 혹은 '기반'이다. 매의 조각상이 없더라도 꿈은 이어지겠지만, 우리가 없다면 꿈은 존재할 수 없다. 이렇게 보면 프로스페로의 대사는 인간의 삶이 꿈처럼 덧없다는 말이나 마찬가지이다.

독일의 화가 쿠르트 슈비터스가 그린 존-레텔의 초상화(1941)

8 Alfred Sohn-Rethel, "L'ideale del kaputt: Sulla tecnica napoletana," *Napoli*, Napoli: L'ancora del mediterraneo, 2000, p.47ff. 존-레텔(1899~1990)은 프랑스 태생의 독일 맑스주의 경제학자로 칸트 철학을 통해 정치경제학 비판의 인식론을 명료화하려 했다. 1924~27년 존-레텔은 발터 벤야민과 에른스트 블로흐가 머물고 있던 카프리섬에서 함께 지내곤 했는데 이때의 경험에 관해 종종 언급하곤 했다. 본문에서 인용된 구절은 원래의 용도와는 다른 용도로 기계를 사용하곤 했던 나폴리 사람들의 지혜를 지적하면서 한 말이다. 존-레텔의 주요 저서로는 『정신노동과 육체노동: 철학적 인식론 비판』(*Geistige und körperliche Arbeit: Zur Theorie gesellschaftlicher Synthesis*, 1970)이 있다.

9 게니자(genizah)는 유대인들의 예배당에 마련된 일종의 저장창고이다. 유대교에서는 신의 이름이 적힌 모든 것(책, 문서, 편지 등)을 함부로 버릴 수 없게 하기 때문에 이것들은 적절한 '장례절차'를 거치기 전까지 게니자에 보관된다. 보통 7년마다 한 번씩 이런 절차를 치르는 것으로 알려져 있는데, 가뭄이 들 경우에는 예외였다고 한다. 왜냐하면 이것들을 매장하면 그 반대급부로 비가 내린다고 믿었기 때문이다.

우크라이나의 화가 모리시 고틀립이 그린 유대인 예배당의 정경(1878)

10 Ibn al-'Arabi, *Les illuminations de La Mecque/The Meccan Revelations*, éd. Michel Chodkiewicz, Paris: Sinbard, 1989, pp.119~147.

11 Ibn al-'Arabi, *Les illuminations de La Mecque/The Meccan Revelations*, p.347.

12 발터 벤야민, 윤미애 옮김, 『1900년경 베를린의 유년시절』, 도서출판 길, 2007, 148~151쪽.

5. 패러디

1 *L'isola di Arturo*. 이탈리아 신사실주의의 대표 작가 중 하나인 모란테(Elsa Morante, 1912~1985)의 1957년 작품. 이하 아감벤이 이 작품에서 인용한 구절의 쪽수는 이탈리아어판이 아니라 한국어판 쪽수를 밝혀둔다. 천지은 옮김, 『아서의 섬』, 문학과지성사, 2007.

2 모란테, 『아서의 섬』, 406~407쪽.

3 한국어판은 이 구절을 풀어썼다. "자네 아버지는 유치한 패러디의 천재일세!" 모란테, 『아서의 섬』, 434쪽.

엘사 모란테

4 Giulio Cesare Scaligero, *Poetices libri septem*, Lyons: Apud Petrum Santandreanum, 1561, p.103.

5 missa potatorum. 로마 가톨릭의 미사를 패러디하고 풍자한 것으로 13~17세기경 만들어졌다. 아속혼효체 광시(macaronic poetry), 즉 일상 속어에 라틴어 어미를

'술주정뱅이의 미사' 필사본에 그려진 중세의 삽화 (연도미상)

붙여 쓰는 우스꽝스러운 시의 일종이다. 미하일 바흐친은 중세의 패러디 장르를 통칭하는 것으로 '술주정뱅이의 미사'를 언급하며 그 특성으로 '농신제의 성스러운 언어'(lingua sacra pileata)를 꼽은 바 있다. 이 언어의 특징은 "독특한 '거꾸로,' '반대로,' '뒤집은' 논리, 위와 아래(바퀴처럼), 앞모습과 뒷모습이 끊임없이 자리를 바꾸는 논리 …… 풍자적 개작, 격하, 모독" 등이다. Mikhail Bakhtin, "From the Prehistory of Novelistic Dis-course"(1940), *The Dialogic Imagination: Four Essays*, ed. Michael Holquist, Austin: University of Texas Press, 1981, p.77; 미하일 바흐친, 이덕형·최건영 옮김, 『프랑수아 라블레의 작품과 중세 및 르네상스의 민중문화』, 아카넷, 2001, 34쪽.

6 *De Coena Cypriani*. 중세 초기(5~6세기)에 유럽에서 유행한 이야기. 일반적으로 패러디, 우의와 성경 구절에 대한 풍자, 또는 이 둘의 중간에 있다고 간주된다. 이 이야기의 줄거리는 다음과 같다. 오리엔트의 왕인 요엘은 갈릴리 지방의 가나라는 마을에서 많은 등장인물들(성경 전체에서 따온 인물들)을 초빙해 성대한 결혼식 만찬을 열었다. 모든 손님이 식사를 거의 끝마칠 무렵, 요엘 왕은 도둑을 발견하고 도둑을 심문하라고 명한다. 그 도둑은 곧바로 가르미의 아들인 아간이라는 점이 밝혀지고 요엘 왕은 사형선고를 내린다. 손님들은 아간을 죽여서 매장하고는 모두 자기네 고향으로 돌아간다. 이 이야기의 의미에 대해서는 학자들마다 해석이 분분하나 이 이야기가 패러디의 대상으로 삼고 있는 성경 구절이 무엇이냐에 대해서는 대략 합의가 이뤄져 있다. 즉, 아간의 죽음이 큰 줄기를 이룬다는 점에서 구약성경의 여호수아 7장, 그리고 가나가 무대라는 점에서 요한복음 2장 1~11절(예수 그리스도가 물을 포도주

로 바꾸는 기적을 보인 곳)이 그것이다. 현대에 들어와서 이 이야기는 어느 베스트셀러를 통해서 잠시 회자되기도 했다. 움베르토 에코, 이윤기 옮김, 『장미의 이름』(개정증보판), 열린책들, 1992, 666~685쪽.

7 아리스토텔레스, 천병희 옮김, 『시학』, 문예출판사, 2002, 32쪽.

8 Callias Schoenion(?~?). 고대 그리스의 희극 작가. 기원전 446년 디오니소스 축제의 우승자로 알려져 있고, 아리스토파네스의 작품으로 알려진 『개구리』(*Bātra-choi*, BC 405)가 칼리아스의 작품이라는 설도 있다. 본문에서 언급된 칼리아스의 작품은 『문자 비극』(*Grammatike tragodia*, 409?)으로서, 그리스 알파벳 24자 각각으로 노래를 만들었다고 한다(그래서 총 24곡으로 이뤄져 있다). 칼리아스에 대한 더 자세한 내용으로는 다음을 참조하라. Ralph Rosen, "Comedy and Confusion in Callias' *Letter Tragedy*," *Classical Philology*, vol.94, no.2., (April) 1999, pp.147~167.

9 Gorgias(BC 485~380). 소크라테스 이전의 고대 그리스 소피스트. 고르기아스 역시 패러디를 즐겨 사용한 것으로 알려져 있다. 그러나 고르기아스를 유명하게 만든 것은 "아무것도 존재하지 않는다, 존재한다 해도 이해되지 않는다, 이해된다 해도 남에게 전할 수가 없다, 남에게 전할 수 있다 해도 그렇게 하게 만들 동기가 없다"는 논증이었다. Hermann Diels, ed., *Ancilla to the Pre-Socratic Philosophers*, trans. Kathleen Freeman, Cambridge, MA: Harvard University Press, 1948, pp. 192~194.

고르기아스의 두상

10 Marcus Tullius Cicero, Orator ad M. Brutum, 18.57.

11 *Cuore*. 이탈리아의 작가 아미치스(Edmondo de Amicis, 1846~1908)가 1886년 발표한 동화로 우리나라에

는 『사랑의 학교』로 알려져 있다. 우리나라에서도 큰 인기를 끈 일본 애니메이션 『엄마 찾아 3만리』(母をたずねて三千里, 1976)가 이 동화 속에서 담임선생님이 학생들에게 들려주는 이야기 중 하나이다.

12 모란테, 『아서의 섬』, 481쪽.

13 여기서 아감벤은 10세기에 등장해 15세기경 절정기를 누린 성사극(聖史劇)을 염두에 둔 듯하다. 성경 속 사건들이나 성자·성녀의 전설을 소재로 한 일종의 종교극인 성사극의 프랑스어 명칭이 바로 '미스테르' (mystères)이다. 그러나 미스테르라는 명칭이 '신비/기적'(mysterium)이 아니라 '길드'를 뜻하는 '미스테리움' (misterium)에서 유래했다는 설명도 있다. 1210년 교황 인노첸시오 3세가 성직자들의 성사극 공연을 금지한 뒤 성사극은 주로 각지의 길드에서 담당하게 됐기 때문이다. 이때부터 라틴어 대사는 속어로 대거 교체됐고, 성경에 없는 구절이 들어왔으며, 희극적 요소가 가미되기 시작했는데, 어떤 면에서 성사극의 패러디적 성격은 길드가 그 제작을 전담하게 된 이 시기부터 훨씬 더 뚜렷해졌다고 볼 수 있다. 성사극의 그로테스크한 면모에 대한 설명으로는 다음을 참조하라. 바흐친, 『프랑수아 라블레의 작품과 중세 및 르네상스의 민중문화』, 411~414, 539~542쪽.

성사극의 무대 모습

14 1889년 1월 1일 니체가 토리노에서 부르크하르트에게 보낸 편지. Friedrich Nietzsche, *Werke*, Bd.3, Hrsg. Karl Schlecta, München: Carl Hanzer Verlag, 1969, S.1351f.; *Selected Letters of Friedrich Nietzsche*, ed. Christopher Middleton, Indianapolis: Hackett Publishing, 1996, pp.346, 348. 니체가 이탈리아어로 쓴 구절은 원래 이 편지의 앞부분이 아니라 말미에 (첫 번째) 추신으로 덧붙인 구절이다.

15 위 편지에 붙인 세 번째 추신에서 니체는 자신을 카이아파스에 빗댔다("저는 카이아파스를 쇠사슬로 묶게 했습니다. 작년에 저 역시 독일의 의사들에 의해 십자가에 묶이게 됐습니다"). 카이아파스는 예수 그리스도를 심문한 유대교의 대제사장으로서 유대인들에게 한 사람이 백성을 위해 죽는 것이 유익하다 권고하던 자이다(요한복음, 18장 1~14절). 카이아파스가 예수에게 사형을 판결했듯이 신의 죽음을 선포한 니체는 "거대한 양식의 카니발, 정신적인 사육제의 웃음과 활기, 최고의 어리석음과 이 세상에 대한 아리스토파네스적 조소" 등에서 "우리[인간]의 발명의 영역"을 찾을 수 있으리라 기대하며 "세계사를 패러디하는 자나 신의 어릿광대"가 되기를 희망한다. 프리드리히 니체, 김정현 옮김, 『선악의 저편/도덕의 계보』, 책세상, 2002, 205쪽.

두치오 디 부오닌세냐, 「카이아파스 앞에 선 예수 그리스도」(1311)

16 Omer Jodogne, "Audigier et la chanson de geste, avec une édition nouvelle du poème," *Le Moyen Âge*, no.66, Bruxelles: Renaissance du Livre, 1960, pp.511, 522; "Audigier," *Bawdy Tales from the Courts of Medieval France*, ed. Paul Brians, New York: Harper and Row, 1972, pp.57, 66.

17 모란테, 『아서의 섬』, 5쪽.

18 그리스도교 교부들은 2세기부터 교회를 통한 구원을 거부하고 천년왕국설을 지지하는 이단들에 맞서 '영혼들의 처소'를 언급하기 시작했다. 이에 기초를 닦은 것은 아우구스티누스로, 그는 망자들을 네 범주로 구분했다. ① 전적으로 선한 자들(valde boni), ② 전적으로 악한 자들(valde mali), ③ 전적으로 선하지는 않은 자들(non valde boni), ④ 전적으로 악하지는 않은 자들(non valde mali). 후대의 신학자들은 이 구분에 의거해 ①은 천국에, ②는 지옥에 가게 된다고 설명했다. 문제가 된

것은 ③과 ④인데, '죄지은 자들의 부활/구원(가능성)'이라는 주제에 직면해 죄의 경중을 따져야 했기 때문이다. 신학자들마다 차이는 있지만 12세기경 ③은 연옥(purgatorium), ④는 림보(limbus)에 가는 것으로 대략 합의됐다. 림보는 두 영역으로 나뉘는데 지상에서 예수 그리스도보다 이전에 태어나서 예수와 그의 가르침을 알 기회가 없었던 의로운 영혼들이 거주하는 '족장들의 림보'(limbus patrum), 그리스도 이후에도 세례를 받지 못하고 죽은 죄 없는 영혼들이 거주하는 '어린아이들의 림보'(limbus infantium)이다. 요컨대 '원죄'밖에 없는 영혼들은 림보에, 원죄 이외에도 개인적으로 죄를 범한 영혼들은 연옥으로 가는 셈이다. 그런데 이른바 '예수의 지옥 하강,' 즉 예수가 지옥에 내려갔을 때 거기 갇혀 있던 족장들을 끌어냈다는 이야기를 담고 있는 외경(外經)『니코데모스 복음』(니코데모스는 유대인들이 예수를 비난할 때 예수를 변호한 인물이다)이 중세에 유행하면서 '족장들의 림보'는 비었으며 영원히 그럴 것이라고 간주됐다. 그 뒤 '어린아이들의 림보'가 지옥에 속하는지 연옥에 속하는지, 그도 아닌 별개의 공간인지를 두고 갑론을박이 있었으나 단테(Dante Alighieri, 1265~1321)의『신곡』(La Divina Commedia, 1308)을 통해서 지옥에 속하는 것으로 널리 받아들여졌다. 이렇게 해서 결국 영혼들의 처소는 천국-연옥-지옥으로 삼분됐다. 자크 르 고프, 최애리 옮김,『연옥의 탄생』, 문학과지성사, 1995, 108, 495~532쪽.

아뇰로 브론지오,「지옥 앞에 선 단테」(1530)

19 모란테,『아서의 섬』, 485쪽.

20 Guglielmo Gorni(1945~). 이탈리아의 문헌학자. 현재 로마대학교 라사피엔자의 이탈리아 문헌학·문학 교수로서 1996년부터 단테 연구로 두각을 나타냈다. 특히 보통 42장으로 구분되던 단테의『새로운 인생』(*La*

Vita Nuova, 1295)을 새로운 해석에 근거해 31장으로 재편집해 논쟁을 일으킨 바 있다.

21 Guglielmo Gorni, "Parodia e scrittura in Dante," *Dante e la Bibbia*, ed. Giovanni Barblan, Florence: Olschki, 1988, pp.323~340.

22 *Hypnerotomachia Poliphili*. 도미니크 수도회의 수도사 콜론나(Francesco Colonna, 1433~1527)가 1499년 쓴 작품. 주인공 폴리피오가 꿈속에서 연인 폴리오의 사랑을 얻는 과정을 그리고 있다. 여기에 수록된 168장의 목판화는 초기 활자인쇄의 걸작으로 통한다.

23 Teofilo Folengo(1491~1544). 이탈리아의 대표적 아속혼효체 시인. 주요 작품으로『발두스』(*Baldus*, 1517), 『오를란디노』(*Orlandino*, 1526), 『신의 아들의 인성』(*L'Umanità del Figliuolo di Die*, 1533) 등이 있다.

24 Carlo Emilio Gadda(1893~1973). 이탈리아의 작가. 언어유희에 재능을 보인 인물로서 신조어, 방언 등을 작품 속에 즐겨 등장시켰다. 주요 작품으로『철학자의 마돈나』(*La madonna dei filosofi*, 1931), 『슬픔에 익숙해져』(*La cognizione del dolore*, 1963) 등이 있다.

25 Giorgio Manganelli(1922~1990). 이탈리아의 작가· 문학평론가. 1960년대에 전위적 문학운동을 이끈 인물로도 유명하다. 에드거 앨런 포, T. S.엘리엇의 작품을 이탈리아어로 번역한 것으로도 유명하다. 주요 작품으로『세기: 1백 개로 이뤄진 작은 소설의 강』(*Centuria: Cento piccoli romanzi fiume*, 1979) 등이 있다.

26 Giovanni Pascoli(1855~1912). 이탈리아의 시인·고전학자. 삶은 신비라 믿은 인물로 자연의 하찮은 사물/존재에서 발견되는 상징적 연상만이 외양 뒤에 감춰진 진리를 붙잡을 수 있게 해준다고 주장했다. 주요 작품으로『유쾌한 시』(*Poemi conviviali*, 1904) 등이 있다.

(위부터) 고르니, 폴렌고, 가다, 만가넬리, 파스콜리

토마소 란돌피

27 Tommaso Landolfi(1908~1979). 이탈리아의 작가·번역가. 사변소설과 공상과학소설의 경계에 선 그로테스크한 작품으로 유명하다. 주요 작품으로 『가을 이야기』(*Racconto d'autunno*, 1947) 등이 있다.

28 Arnaut Daniel de Riberac(1150?~1210?). 12세기 프로방스의 음유시인. 단테가 "최고의 창조자"(il miglior fabbro)라고 늘 칭송했던 인물로서, 6행6연체(각 연마다 6행로 총 6연을 만드는 작시법)의 발명자로도 유명하다. 다니엘의 일부 작품은 인터넷에서 쉽게 찾아볼 수 있다. [www.trobar.org/troubadours/arnaut_daniel/]

29 *Il Canzoniere*. 이탈리아 르네상스 시기의 대표 시인 페트라르카(Francesco Petrarca, 1304~1374)가 지은 시 366개의 모음집. 라틴어가 아니라 이탈리아어로 씌어진 이 시들은 로르(아래의 '각주 31번' 참조)에게 보내는 연애시의 성격이 강했다. 실제로 317개의 시가 연애시의 대표적인 형식인 소네트로 씌어졌다. 이 중 1백 개의 시가 선별되어 국역되어 있다. 프란체스코 페트라르카, 이상섭 옮김, 『칸초니에레』, 나남, 2005.

30 페트라르카는 『칸초니에레』에서 로르의 죽음을 수차례 반복적으로 상기시킨다. 가령 '당신의 그림자'(la tua ombra) 같은 표현은 로르가 이미 죽었고, 유령이 되어 작가 주변을 맴돈다는 점을 보여준다(소네트 340번의 마지막 행). 또한 1346~57년 라틴어로 집필됐다고 추정되는 「갈라테아」(Galathea)라는 시에서 페트라르카는 로르를 "아름다운 주검"(dulce cadaver)이라고 부르기도 한다. Francesco Petrarca, *Bucolicum Carmen*, ed. Antonio Avena, Bologna: Forni, 1969, XI: 35. 그러나 페트라르카가 획득불가능했던 사랑의 대상을 주검으로, 유령으로 만들었다는 아감벤의 표현은 단지 이런 사실만을 뜻하는 것이 아니다. 실로 『칸초니에레』에서

는 로르가 주검이나 유령으로서만 등장한다. 즉, 로르는 파편화된 육체로서만 페트라르카의 소네트에 등장한다. 요컨대 페트라르카는 로르의 머리카락, 손, 발, 눈을 노래하지 로르라는 여성 전체를 잘 노래하지 않는다. Eliane Françoise DalMolin, "The Woman in Pieces in Petrarch, Baudelaire, and Truffaut," *Cutting the Body: Representing Woman in Baudelaire's Poetry, Truffaut's Cinema, and Freud's Psychoanalysis*, Ann Arbor: University of Michigan Press, 2000. 특히 33~39쪽에서의 논의를 참조하라. 이런 의미에서 페트라르카가 '주검'을 뜻하는 단어로 '코르푸스'(corpus)가 아니라 '카다베르'(cadaver)를 선택한 것은 상당히 의미심장하다. 왜냐하면 후자에는 의사들에 의해 이리저리 파헤쳐지는 '해부용 사체'라는 뜻도 포함되어 있기 때문이다. 또한 아래의 '각주 39번'도 참조하라.

31 Laure de Noves(1310~1348). 페트라르카의 '마돈나.' 오디베르 드 노브(Audibert de Noves)라는 기사의 딸로서, 1325년 열다섯 살에 위그 드 사드(Hugues de Sade) 2세와 결혼했다. 1327년 4월 6일 프랑스 아비뇽의 생클레르 성당 부활절 미사에서 페트라르카를 처음 만난 뒤 평생 그를 사로잡았다. 로르의 전기를 쓴 것은 사드 후작의 삼촌인 자크(Jacques-François-Paul-Aldonce de Sade, 1705~1778) 신부이다. 독립된 전기는 아니고 페트라르카의 전기에 일종의 삽화처럼 삽입된 것이다. J.-F.-P.-Aldonce de Sade, *Mémoires sur la vie de François Pétrarque*, 3 tomes, Amsterdam, 1764.

로르(이탈리아어명 라우라)

32 Franco Fortini(1917~1994). 이탈리아의 시인·문학비평가. 현대 이탈리아 문단을 대표하는 좌파 문필가로서 이탈리아공산당 당원이기도 했다. 대표작으로 『시나이의 개』(*I cani del Sinai*, 1967) 등이 있다.

(위부터) 포르티니, 파졸리니, 사바, 펜나

33 Pier Paolo Pasolini, *Tutte le poesie*, vol.2, ed. Walter Siti, Milano: Mondadori, 2003, p.1292. 파졸리니(1922~1975)와 모란테의 관계에 대한 자세한 분석으로는 다음을 참조하라. Walter Siti, "Elsa Morante and Pier Paolo Pasolini," *Under Arturo's Star: The Cultural Legacies of Elsa Morante*, ed. Stefania Lucamante and Sharon Wood, West Lafayette, Indiana: Purdue University Press, 2006, pp.268~289.

34 Umberto Saba(1883~1957). 이탈리아의 시인. 한편으로는 서정적인 자전적 시로, 다른 한편으로는 욕망과 어린 시절의 기억 등을 정신분석학적 관점에서 접근한 시로 유명하다. 주요 작품으로 일생의 역작인 『서정시집』(*Il canzoniere*, 1957) 등이 있다.

35 Sandro Penna(1906~1977). 이탈리아 시인. 청소년기의 동성애적 이미지로 채색된 에피그람 형태의 우아한 서정시로 유명하다. 주요 작품으로 『서정시집』(*Il canzoniere*, 1957) 등이 있다.

36 *Salò o le 120 giornate di Sodoma*. 1975년 파졸리니가 발표한 영화. '생명 3부작'을 마친 파졸리니는 곧 '죽음 3부작'(la trilogia della morte)을 구상한다. 애초 생명 3부작을 시작한 이유는 섹슈얼리티의 활기에서 해방의 힘을 봤기 때문인데 파졸리니는 곧 자신이 순진했음을 깨달았다. 자신이 껴안으려 했던 섹슈얼리티의 힘이 소비자본주의에 의해 해방의 힘이 아니라 권력의 힘으로 작동함을 알게 된 것이다. Pier Paolo Pasolini, *Lettere luterane*(1976), Torino: Giulio Einaudi Editore, 1974, pp.71~72; *Lutheran Letters*, trans. Stuart Hood, Manchester: Carcanet New Press, 1983, pp.50~51. 따라서 파졸리니는 섹슈얼리티를 둘러싼 이런 복잡함을 다각도로 분석할 필요성에서 죽음 3부작을 기획하

게 됐고, 『살로, 또는 소돔의 120일』이 그 첫 번째 작품이 됐다. 사드 후작의 『소돔의 120일』(*Les Cent Vingt Journées de Sodome, ou l"cole du libertinage*, 1785)을 각색한 이 작품은 무대를 파시스트 치하의 현대 이탈리아로 옮겨 파시스트 지도자들 네 명(공작, 주교, 장관, 총장)이 펼치는 무자비한 쾌락의 향연을 펼쳐 보여준다. 엉긴 나체, 똥을 먹는 기괴함, 항문에 대한 집착, 고문과 처형을 참혹하게 담은 이 영화는 가장 충격적인 형태로 파시즘에 반기를 들었다는 평가를 받았다.

37 Elsa Morante, *La Storia*, Torino: Giulio Einaudi Editore, 1974. 로마를 배경으로 주인공 이다 라문도, 그녀의 두 아들 안토니오와 주세페의 이야기를 통해 전쟁(제2차 세계대전)이 사람들의 삶을 얼마나 피폐하게 만들었는지를 냉정하고도 담담하게 묘사한 작품.

38 Elsa Morante, "Alla favola," *Alibi*, Milano: Garzanti, 1990, p.55.

39 '음성의 숨소리'로 옮긴 라틴어 표현은 '플라투스 보치스'(flatus vocis)이다. 중세 유명론(唯名論)의 최초 대변자인 로스켈리누스(Roscellinus Compendiensis, 1050~1125)가 보편이란 이름에 지나지 않으며 실체로 존재하는 것은 개별 사물뿐이라고 주장하면서 쓴 표현이다. 요컨대 '인간'(homo)이라는 보편적 개념은 음절(인-간)로, 그리고 그 음절은 다시 자음과 모음으로 구분될 수 있는 단순한 말(voces)일 뿐이라고 주장했다. 따라서 보편은 이 음성[발화된 말/단어]이 방출해낸 숨소리[발음]에 불과하다는 것이다. 이 사실을 염두에 둔다면 우리는 아감벤이 패러디를 실재론(實在論)적 장르로, 문학(더 정확하게는 허구)을 유명론적 장르로 이해하고 있는 것이 아닌가 생각해볼 수도 있겠다. 아감벤이 바로 위 문단에서 "패러디는 허구와 달리 대상의 실

재성을 의문시하지 않는다"라고 말한 것도 이런 맥락에서 보면 이해가 된다. 아감벤은 '사랑하는(한) 대상'을 향한 단테와 페트라르카의 애도방식도 이런 식으로 구분하는 듯하다. 즉, 단테의 애도방식은 실재론적이고, 페트라르카의 애도방식은 유명론적이라는 것이다. 단테는 자신이 사랑하는 베아트리체를 평생 딱 두 번 만났을 뿐이고, 베아트리체는 스물넷의 나이로 죽는다. 그런데도 단테는 자신의 작품 전체를 통해 베아트리체를 '구원의 여인,' '지상의 천사'라고 칭송한다. 단테에게 '베아트리체'는 단순히 어느 이탈리아 귀족 가문의 딸 이름이 아니라 가장 순결하고 고귀한 사랑의 본질을 대표하는 '보편'인 셈이다. 한편 로르 역시 베아트리체처럼 서른여덟이라는 이른 나이에 죽었고 자신을 사랑한 작가로부터 '영원한 아름다움'의 이상으로 칭송받았다. 그러나 페트라르카에게 로르는 무엇보다도 손바닥만한 땅에 묻혀 한 줌의 흙이 된 여성이다(위의 '각주 30번' 참조). 다시 말해서 '로르'라는 이름은 '베아트리체'라는 이름과는 달리 어느 가난한 프랑스 기사의 딸이자 귀족의 작위를 부여받은 어느 프랑스 상인가문의 며느리(그 육체/주검)로부터 떼어낼 수 없는 것, 그저 개별적인 어느 여인의 이름일 뿐이었다.

알프레드 자리

40 Alfred Jarry, *Gestes et opinions du docteur Faustroll pataphysicien*, Paris: Gallimard, 1980, pp.31~32; *Exploits and Opinions of Dr Faustroll Pataphysician*, trans. Simon W. Taylor, Boston: Exact Change, 1996, pp.21~23. 프랑스의 아방가르드 작가 자리(Alfred Jarry, 1873~1907)가 만든 '파타피직스'(La 'pataphysique)라는 신조어는 형이상학(메타피직스)의 패러디이다. 왜냐하면 형이상학의 어원이 "'자연학'(physika)의 '뒤에' ([ta] meta) 오는 것"이라는 의미이듯이, 파타피직스는

"'형이상학'(metaphysika)의 '위에'([ta] epi) 있는 것"이라는 의미이기 때문이다. 원래 자리는 이 신조어를 1893년부터 사용해왔지만 파타피직스를 "상상적 해결책"과 "예외의 과학"이라고 '엄밀하게' 정의한 것은 1911년 발표한 위 작품을 통해서이다. 좀 더 자세한 내용으로는 다음을 참조하라. Christian Bök, *Pataphysics: The Poetics of an Imaginary Science*, Evanston, Illinois: Northwestern University Press, 2002.

41 모란테, 『아서의 섬』, 485쪽.

6. 욕망하기

1 Images d'Epinal. 1796년 시계제조공 펠레랭(Jean-Charles Pellerin, 1756~1836)이 에피날(프랑스 동부 보주 산맥의 마을)에 세운 출판사의 이름. 혹은 그 출판사에서 처음으로 만들기 시작한 컬러삽화의 명칭. 당대의 유명인사들을 비롯해 풍속이나 역사적 사건을 소재로 담아 큰 인기를 끌었다. 이런 대중적 성공으로 인해 '민중의 판화'(images Populaires)라는 별칭을 얻었고, 이런 유의 삽화를 가리키는 통칭이 되기도 했다.

7. 스페키에스적 존재

1 "(Et ad hoc dicimus) quod est in speculo ut in subiecto." 토마스 아퀴나스의 스승으로 유명한 독일의 스콜라 철학자 마그누스(Albertus Magnus, 1193?~1280)가 한 말. Henryk Anzulewicz, *De forma resultante in speculo: Die theologische Relevanz des Bildbegriffs und des Spiegelbildmodells in den Frühwerken des Albertus Magnus*, teil.1, Münster: Aschendorff, 1999, S.192. 1248년을 전후로 집필됐다고 추정되는 이 소논문 『거울에 맺히는 형상에 대해서』에서 마그누스는

알베르투스 마그누스

이미지(거울에 맺히는 형상)란 "물체나 실체가 아니고 우유로 있는 것"(non tamen corpus vel substantia, sed accidens)이라고 말한다. 마그누스에 따르면 가시적 세계에 존재하는 모든 사물은 질료와 형상이 합해져 만들어진 것이다. 여기서 형상이란 아리스토텔레스가 말한 에이도스에 해당하는 것으로, 중세의 보편논쟁에서 문제가 된 보편(자)은 이것을 가리킨다. 마그누스는 형상이 질료 속에 없다면 개별 사물이 존재할 수 없을 것이며, 질료 속에 형상이 없다면 인식이 생기지 못할 것이라고 말하면서 보편(=영원한 형상)이 "사물 앞, 사물 안, 사물 뒤"(ante rem, in re, post rem)에 존재한다고 주장했다. 보편은 하나님의 예견과 창조적 능력의 계획으로서 사물에 앞서 존재하며, 사물의 본성으로서 '사물 속'에 존재하고, 유한한 이성만을 지닌 인간이 사물에 관해서 가지게 될 관념/인식으로서 '사물 다음'에 존재한다는 것이다. 이때 문제가 되는 것은 인간에게 주어진 이 관념/인식이다. 가시적 세계를 구성하는 합성된 사물들은 발생했다가 소멸하기 마련이며, 현실에 존재하는 동안에도 그 크기, 성질, 위치, 운동 등이 계속 변해가기 마련이다. 따라서 불안정하기 짝이 없는 이 합성된 사물들에 대한 관념/인식 역시 불안정할 수밖에 없다. 마그누스가 말한 '거울에 맺히는 형상'이란 바로 이 사실을 포착한 표현이다. 마그누스의 제자인 토마스 아퀴나스 역시 '신을 보는 방식'과 관련해 '거울'의 은유를 사용한다. 토마스 아퀴나스에 따르면 최고의 실체인 신을 그 자체로서 볼 수 있는 것은 오로지 신 자신밖에 없다. 즉, 신은 오로지 자기 자신에게만 '본질'(essentia)에 의해서 보여진다. 이와 달리 신은 아니지만 인간도 아닌 단순한 실체, 즉 천사는 '종'(speciem)을 통해서만 신을 볼 수 있고, 인간은 '거울'(speculum)을 통해서만 신을 볼 수 있다. 천사는 신에게서 (신의 지혜 그 자체는 아니지만) 형상에 대한 앎을 부여받았기에 형상 속에서 신의 본질과 유사한 무엇, 즉 '유사성'(similitudo)을 볼 수 있고, 이에 근거해 직접적으로는 아닐지언정 신을 볼 수 있다는 것이다. 그러나 인간에게는 신과 같은 능력은 물론이거니와 천사와 같은 형상에 대한 앎 자체도 없다. 따라서 인간은 형상의 형상(플라톤 식으로 말하자면 원본의 복제가 아니라 복제의 복제), 즉 변덕스러운 감각적 피조물의 세계를 통해서만 신의 존재 여부를 더듬듯이 볼 수 있을 뿐이다. Thomas Aquinas, *Quaestiones disputatae de veritate*, q.8, a.3, ad.17; *Truth*, trans. Robert W. Mulligan, Indianapolis: Hackett Publishing, 1995, p.328. 아감벤이 본문에서 이미지의 '비실체적' 본성을 강조하는 이유가 여기에 있다.

2 Guido Cavalcanti(1250~1280). 이탈리아의 시인. 단테의 친구이자 청신체파(본문 68쪽의 각주 참조)의 일원으로 단테의 작품세계에 큰 영향을 끼친 것으로도 유명하다. 단테가 『새로운 인생』을 헌정한 인물이 바로 카발칸티이다. 총 36편의 소네트, 11편의 발라드, 2편의 칸초네 등이 남아 있는데 대표작은 사랑의 본성을 다룬 철학적 칸초네 「한 여인이 내게 묻네」(Donna me prega)이다. 1912년 파운드(Ezra Pound, 1885~1972)가 카발칸티의 작품을 영어로 번역한 뒤부터는 영미권의 모더니즘 시인들에게도 지대한 영향을 끼쳤다.

귀도 카발칸티

3 "accidente in sostanza." 『새로운 인생』의 25장에서 단테가 한 말. "사랑은 그 자체로 실체가 아니라 실체 속의 우유이다"(Amore non è per sé sì come sustanzia, ma è uno accidente in sustanzia). 한국어판은 이 부분을 다음과 같이 옮기고 있다. "사랑의 신은 그 자체로 실체인 것이 아니라 실체의 우연성에 불과[하다]." 단테 알

리기에리, 박우수 옮김, 『새로운 인생』, 민음사, 2005, 72~73쪽. 여기서 단테는 카발칸티가 「한 여인이 내게 묻네」에서 정의한 사랑의 개념을 참조하고 있는데, 카발칸티는 다소 다르게 표현했다. "한 여인이 내게 물었기에, 나는 답하려고 한다/ 격렬하기 짝이 없는 저 우유에 대하여/ 사랑이라고 불리는 저 거만한 것"(Donna me prega,—per ch'eo voglio dire/ d'un accidente,—che sovente,—è fero/ ed è sì altero,—ch'è chiamato amore). Guido Cavalcanti, *Rime*, ed. Domenico De Robertis, Torino: Giulio Einaudi Editore, 1986, p.95. 영미권에서는 우유를 '비실체적인 것'(insubstantial thing), '어떤 속성'(a certain quality)이라고도 옮긴다.

뱅셍 드 보베

4 Anzulewicz, *De forma resultante in speculo*, S.273. 이 구절은 마그누스의 텍스트가 아니라 프랑스의 도미니크회 수도사 보베(Vincent de Beauvais, 1190~1264)가 쓴 『위대한 거울』(*Speculum Maius*, 1258)에 수록된 것이다. 일종의 백과사전인 『위대한 거울』은 「자연의 거울」(Speculum Naturale), 「교리의 거울」(Speculum Doctrinale), 「역사의 거울」(Speculum Historiale) 등 세 부분으로 이뤄졌는데, 인용된 구절은 「자연의 거울」 중 보베가 마그누스의 텍스트를 해설하며 쓴 것이다. 이 해설 역시 안줄레비치의 위 책에 수록되어 있다.

5 Anzulewicz, *De forma resultante in speculo*, S.193f.

8. 몸짓으로서의 저자

1 미셸 푸코, 장진영 옮김, 「저자란 무엇인가?」, 『미셸 푸코의 문학비평』, 문학과지성사, 1989, 238~275쪽.

2 Samuel Beckett, "Texts for Nothing," *The Complete Short Prose, 1929-1989*, ed. S. E. Gontarski, New York: Grove Press, 1995, p.109.

3 푸코, 「저자란 무엇인가?」, 244쪽.
4 Pierre Dupont(1821~1870). 프랑스의 샹송가수. 「노동자 찬가」(Le Chant des ouvriers, 1846)를 발표하는 등 사회참여에 적극적이었던 탓에 사회주의를 고취한다는 죄목으로 추방되기도 했다. 뒤퐁은 리옹 태생이다.
5 푸코, 「저자란 무엇인가?」, 248~250쪽.
6 수많은 개인들 중 해당 언표행위의 주체, 혹은 텍스트의 '저자'가 누구인지를 밝힐 수 있는 가능성을 말한다. 푸코, 「저자란 무엇인가?」, 252~254쪽.

피에르 뒤퐁

7 푸코, 「저자란 무엇인가?」, 257쪽.
8 Michel Foucault, "What Is an Author?," *Textual Strategies: Perspectives in Post-Structuralist Criticism*, ed. Josué V. Harari, Ithaca, NY: Cornell University Press, 1979, p.159.
9 Michel Foucault, "Foucault," *Dictionnaire des philosophes*, éd. Denis Huisman, Paris: PUF, 2009, p.705; "Foucault," *Dits et écrits*, t.4, éd. Daniel Defert et François Ewald (avec Jacques Lagrange), Paris: Gallimard, 1994, p.634; "Foucault," *Aesthetics, Method and Epistemology*, ed. James D. Faubion, New York: New Press, 1998, p.462. 이 글은 푸코가 '모리스 플로랑스'(Maurice Florence)라는 가명으로 자신을 제3의 인물처럼 소개한 백과사전용 글이다.
10 푸코, 「저자란 무엇인가?」, 270~271쪽.
11 푸코, 「저자란 무엇인가?」, 244쪽.
12 Michel Foucault, "La vie des hommes infâmes," *Les cahiers du chemin*, no.29, 15 Janvier 1977, pp.12~29; "La vie des hommes infâmes," *Dits et écrits*, t.3, éd. Daniel Defert et François Ewald (avec Jacques Lagrange), Paris: Gallimard, 1994, pp.237~253; "Lives of In-

famous Men," *Power*, ed. James D. Faubion, New York: New Press, 2000, pp.157~175. 자신의 친구인 푸코에 관한 연구서를 쓰기도 한 들뢰즈는 이 글을 푸코가 쓴 걸작 중 하나라고 평가하며 이렇게 말한 바 있다. "악명 높은 사람이란 …… 이웃의 고소라든가 경찰의 소환, 소송 등 잡다한 사건에 의해 갑작스레 훤히 드러나는 여느 인간으로 규정되는 존재입니다. 그것은 권력과 마주친 인간, 말하고 보여지도록 독촉받은 인간입니다. [조르주 바타이유가 아니라] 안톤 체호프나 프란츠 카프카에 더 가까운 그런 존재이죠." 질 들뢰즈, 김종호 옮김, 「푸코의 초상화」, 『대담 1972~1990』, 솔, 1993, 107쪽; 허경 옮김, 『푸코』, 동문선, 2003, 145쪽.

13 hôpital de Bicêtre. 1642년 파리 남쪽의 소도시 르-크레믈랭-비세트르(Le Kremlin-Bicêtre)에서 문을 연 고아원. 그러나 1656년부터 고아뿐만 아니라 부랑자, 범죄자, 정신병자를 수용하는 시설로 사용됐다. 1801년부터 1803년까지 사드 후작이 이곳에 감금되어 있다가 샤랑통정신병원으로 이송됐다.

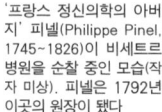
'프랑스 정신의학의 아버지' 피넬(Philippe Pinel, 1745-1826)이 비세트르 병원을 순찰 중인 모습(작자 미상). 피넬은 1792년 이곳의 원장이 됐다

14 asile de Charenton. 1645년 발드마른 주의 소도시 샤랑통-생-모리스(Charenton-Saint-Maurice)에서 문을 연 정신병원. 1789~90년, 1803~14년 사드 후작이

이곳에 두 차례 감금됐고 결국 이곳에서 죽었다. 현재는 1815년 이곳의 원장이었던 에스퀴롤(Jean-Étienne Dominique Esquirol, 1772~1840)의 업적을 기려 '에스퀴롤 병원'이라고 불린다.

15 이탈리아어판에는 '1982년'이라고 표기되어 있다. 푸코가 「악명 높은 사람들의 삶」을 서문으로 사용하리라 예고한 문서고 자료, 감옥기록, 봉인장 등의 모음집은 푸코 생전에 결코 출판되지 못했다. 그러나 그 일부, 즉 봉인장 모음집은 제자의 도움으로 나올 수 있었는데 그 모음집의 출간연도가 1982년이다. (avec Arlette Farge) Michel Foucault, éd., *Le Désordre des familles: Lettres de cachet des Archives de la Bastille*, Paris: Gallimard-Julliard, 1982. 아감벤이 이 책을 염두에 둔 건지, 혹은 그냥 원래 논문의 출간연도를 혼동한 것인지는 명확하지 않다.

16 Foucault, "La vie des hommes infâmes," p.14[239]; "Lives of Infamous Men," p.160.

17 표도르 도스토예프스키, 김근식 옮김, 『백치』(1권), 열린책들, 2000, 282~366쪽. 본문에서 이어지는 『백치』의 내용은 13~16장의 내용이다.

18 "[열이] 약간이 아니라 많이 있어요." 도스토예프스키, 『백치』(1권), 295쪽.

19 "저 여자 정신 나갔어!.", "틀림없이 미친 거지요?" 도스토예프스키, 『백치』(1권), 358~359쪽.

20 César Vallejo, "Padre polvo que subes de España," *Poemas humanos 1923-38*, Madrid: Editorial Castalia, 1987, p.260; "Father Dust Who Rises from Spain," *The Complete Posthumous Poetry*, trans. Clayton Eshleman and José Rubia Barcia, Berkely: University of California Press, 1978, p.262.

세사르 바예호

21 Averroes(1126~1198). 스페인의 아랍계 철학자. 본명은 이븐 루시드(Ibn Rushd)이다. 아리스토텔레스가 쓴 모든 저작에 꼼꼼하고도 독창적인 주해(註解)를 붙여 유럽의 르네상스에도 크게 공헌했다.

9. 세속화 예찬

1 ususfructus. 타인에게 속한 재산을 훼손하지 않는 한, 그 재산에서 발생한 이득을 자신을 위해 사용하거나 그 재산에서 이윤을 끌어낼 수 있는 법적 권리. 고대 로마법에서 용익권을 제외한 다른 '사용의 권리'로는 소유권(proprieta), 점유권(possessio), 사용권(ius utendi) 등이 있으며 이 모두는 재산권(dominium)에 속한다. 후대로 갈수록 소유권과 재산권은 동일한 의미로 사용됐기 때문에 두 용어도 혼용됐다.

2 Flavius Petrus Sabbatius Justinianus, *Digesta seu Pandectae*, 11, 7, 2. 이 저작은 고대 로마의 모든 법률 저작을 포함해 당대의 법학설을 정리한 책이다.

3 Henri Hubert et Marcel Mauss, "Essai sur la nature et la fonction du sacrifice," *Année sociologique*, t.2, 1898; *Sacrifice: Its Nature and Function*, trans. W. D. Halls, Chicago: University of Chicago, 1964.

4 영미권의 '장미-곁에-둥글게'(Ring a-ring o' roses)라는 놀이에 해당한다. 이 놀이를 할 때 부르는 노래의 가사는 다음과 같다. "장미 겉에 둥글게 둥글게/ 꽃다발을 주머니 속에 가득히/ 에취, 에취/ 우리 모두 쓰러진다"(Ring a-ring o' roses/ A pocketful of posies/ a-tishoo! a-tishoo!/ We all fall down). 여기서 '장미'는 흑사병에 걸린 사람들에게서 (주로 눈가에) 나타난다는 장밋빛 발진을 뜻하고, '꽃다발'은 병을 예방할 수 있다고 알려진 허브와 향신료 뭉치를 뜻하며, '에취, 에취'

지로톤도 놀이를 하는 장면

는 흑사병 환자가 죽을 때 내뱉는 재채기를 뜻한다 하여 이 놀이가 중세를 공포에 떨게 한 흑사병에서 유래했다는 설도 있다. 그러나 그 기원에 대해서는 민속학자들 사이에서 합의가 이뤄지지 않고 있다. 참고로 지로톤도의 가사는 다음과 같다. "둥글게 돌자 돌자/ 세상이 무너진다/ 땅이 무너진다/ 우리 모두 무너진다"(Giro giro tondo/ casca il mondo/ casca la terra/ tutti giù per terra). 이 놀이의 흑사병 기원설을 반대하는 연구자들에 따르면 '무너지다/쓰러지다'(fall/casca[cascare])는 그냥 '절을 하다'라는 뜻이라고 한다.

5 Émile Benveniste, "Le jeu comme structure," *Deucalion: Cahiers de Philosophie*, no.2, 1947, p.165. 아감벤은 『유아기와 역사』의 2부에 해당하는 글에서 방브니스트의 이 논문을 더 상세하게 언급하고 있다. 조르조 아감벤, 조효원 옮김, 「장난감 나라: 역사와 놀이에 관한 성찰」, 『유아기와 역사: 경험의 파괴와 역사의 근원』, 새물결, 2010, 127~164쪽.

6 발터 벤야민, 반성완 옮김, 「프란츠 카프카」, 『발터 벤야민의 문예이론』, 민음사, 1983, 95쪽.

7 발터 벤야민, 최성만 옮김, 「종교로서의 자본주의」, 『역사의 개념에 대하여/폭력비판을 위하여/초현실주의 외』, 도서출판 길, 2008, 122쪽.

8 벤야민, 「종교로서의 자본주의」, 122~123쪽.

9 벤야민, 「종교로서의 자본주의」, 123쪽.

10 벤야민, 「종교로서의 자본주의」, 123쪽.

11 벤야민, 「종교로서의 자본주의」, 124쪽.

12 consumo. 흔히 '소비'(消費)로 번역되는 이 단어의 어원은 '다 쓰다'(소진하다)를 뜻하는 라틴어 '콘수메레'(comsumere)이다. 따라서 우리는 전후 맥락을 고려해 이 단어를 '소비'로도, '소진'으로도 옮겼다. 또한 프랑스의 철학자 네라는 '끝내다/마치다'를 뜻하는 라틴어 '콘수마레'(consummare)로 이해할 경우 이 단어는 존재의 모든 가능성의 최종 수집이자, 가능성이 궁극적으로 완수되는 순간·장소를 의미할 수도 있다고 해석한다. 이런 의미에서의 '소비'가 '장치'(dispositivo) 개념과 맺는 관계에 대해서는 다음을 참조하라. 양창렬, 「장치학을 위한 서론」, 『장치란 무엇인가? 장치학을 위한 서론』, 도서출판 난장, 2010, 142~147쪽.

13 Peter Garnsey, "The Poverty of Christ: Crises of As-ceticism from the Pelagians to the Franciscans," *Thinking about Property: From Antiquity to the Age of Revolution*, Cambridge: Cambridge University Press, 2007, pp.101~106.

14 Ioannes XXII, "Ad Conditorem Canonum"(1322), *Corpus Iuris Canonici*, Hrsg. Emil Ludwig Richter und Emil Friedberg, Bd.2, Leipzig: Bernhard Tauchnitz, 1881, pp.1227~1228.

15 Italo Calvino, "I linguaggi del sogno," Conference, Fondazione Giorgio Cini, Venezia, Agosto 20-Settem

-bre 18, 1982. 칼비노가 말한 바대로는 아니지만, 배변(혹은 배설)의 역사를 다룬 책이 아주 없는 것은 아니다. 대표적으로는 다음의 책을 참조하라. Dominique Laporte, *Histoire de la merde*, Paris: Christian Bourgois, 1978. 다소 한정적 분야(문학)에 국한된 논의이기는 하지만 보다 최근의 작업으로는 다음의 책을 참조할 것. Susan Signe Morrison, *Excrement in the Late Middle Ages: Sacred Filth and Chaucer's Fecopoetics*, London: Palgrave Macmillan, 2008.

16 여기서 말하는 브뉘엘(Luis Buñuel, 1900~1983)의 영화는 『자유의 환영』(*Le fantôme de la liberté*, 1974)이다. 이 작품은 데뷔작인 『안달루시아의 개』(*Un chien andalou*, 1929)에서 선보인 자유연상을 극한으로 밀어붙인 일종의 초현실주의 영화로, 아무런 관련이 없는 에피소드들이 일정한 줄거리 없이 나열된다. 1808년 나폴레옹 군대가 스페인을 침공하면서 시작되는 이 영화는 탁자에 모인 부르주아들이 변기에 앉아 다같이 일을 보는 장면, 성직자들이 술 마시고 담배 피우며 수녀 그림이 새겨진 칩으로 도박을 하는 장면, 군대가 탱크를 몰고 여우사냥을 하는 장면 등으로 이어지면서 근대 사회가 피흘려 성취한 자유의 이념이 유령이 되

『자유의 환영』의 유명한 만찬회 시퀀스(이 영화에서는 화장실이 거실 역할을, 거실이 화장실 역할을 한다)

어 떠돌고 있는 현대 사회를 비웃는다. 브뉘엘의 특기인 도발적 코미디가 돋보이는 만년의 걸작이다.

17 Bruno Braquehais(1823~1875). 프랑스의 사진작가. 캉에서 석판공으로 일하다가 1850년 파리로 상경해 전업 사진작가가 됐다. 당시 유명인들의 초상사진을 찍어 명성을 떨쳤던 구앵(Alexis Gouin, 1798?~1855)과 함께 은판사진으로 일련의 여성 나체를 찍고 그 사진을 채색한 뒤 발표해 '포르노그래피 사진'의 창시자 중 하나가 됐다. 말년에는 1871년의 파리 코뮌을 사진에 담아 '포토저널리즘'의 선구자로 간주되기도 한다.

18 Louis-Camille d'Olivier(1827~1870). 프랑스의 사진작가. 역사화가 코니에(Léon Cogniet, 1794~1880)의 문하생으로 있다가 구앵의 작품에 매료되어 1853년 사진으로 진로를 변경한다. 그 뒤 1857년까지 구앵의 영향에서 벗어나 자신만의 누드사진을 찍었는데, 이후의 행적에 대해서는 자세히 알려진 바가 없다.

19 Auguste Belloc(1800~1867). 프랑스의 사진작가. 훗날 습판사진술(collodion wet-plate process)로 알려지게 되는 기법을 활용해 1845년부터 누드사진을 찍었다. 1854년 프랑스사진협회(Société Française de Photographie)의 초대 회원이 되기도 했다.

20 잉그마르 베르이만, 오세필·강정애 옮김, 『잉그마르 베르이만의 창작노트』, 시공사, 1998, 268쪽.

21 발터 벤야민, 최성만 옮김, 「수집가이자 역사가 에두아르트 푹스」, 『역사의 개념에 대하여/폭력비판을 위하여/초현실주의 외』, 도서출판 길, 2008, 311쪽.

22 발터 벤야민, 최성만 옮김, 「기술복제시대의 예술작품」(제2판), 『기술복제시대의 예술작품/사진의 작은 역사 외』, 도서출판 길, 2007, 53~60쪽. 그동안 우리에게 알려져 있던 「기술복제시대의 예술작품」은 이 제2판

을 수정한 제3판이다. 벤야민은 제2판을 1935년에 집필했으며, 1936년 5월에 『사회연구지』(*Zeitschrift für Sozialforschung*)로 보낸다. 그러나 편집진의 요구로 다시 글을 고치게 되는데 그것이 제3판이다.

23 Chloë des Lysses(1972~). 프랑스의 사진작가. 본명인 나탈리 보에(Nathalie Boët)로 수십 편의 포르노 영화에 출연했고, 저널리스트로도 활동 중이다. 『카트린 M의 성생활』(*La Vie sexuelle de Catherine M.*, 2001)이라는 자서전으로 유명한 예술평론가 밀레(Catherine Millet, 1948~)가 2005년 자신의 잡지 『아트 프레스』 (*Art press*) 특집호에서 뤼세와 그녀의 사진작업을 소개했는데, 그때부터 전 세계적으로 유명해졌다.

클로에 데 뤼세

10. 영화사에서 가장 아름다운 6분

1 흔히 영화사가들은 이 시퀀스가 미겔 데 세르반테스의 『돈키호테』에 나오는 유명한 '풍차 공격'(1권 8장)의 패러디라고 본다. 그러나 미국의 영화평론가 로젠봄은 '페드로 선생의 꼭두각시극 습격사건'(2권 26장)이 이 시퀀스의 모티프라고 해석한다. Jonathan Rosenbaum, *Discovering Orson Welles*, Berkeley: University of California Press, 2007, pp.304~305. 이 시퀀스의 모티프인 위 에피소드에 대해서는 다음을 참조하라. 미겔 데 세르반테스, 민용태 옮김, 『기발한 기사 라 만차의 돈끼호떼 2』, 창작과비평사, 2005, 304~316쪽.

프랑스 삽화가 구스타프 도레가 그린 『돈키호테』 2권 26장의 삽화(1893)

2 여기서 '오슨 웰스의 영화'라는 표현이 『돈키호테』만을 가리키는 것은 아니다. 영화를 거대한 환영이라고 정의했던 웰스는 자신이 창조한 어느 주인공의 대사를 빌려 이렇게 말한 바 있다. "이 세상에 진실과 허위가 존재하는 것은 아니다. 존재하는 것은 좋은 가짜와 나쁜 가짜뿐이다." 이미 감독 데뷔작인 『시민 케인』

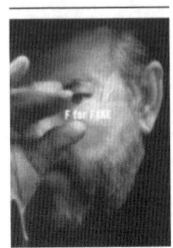
『진실과 거짓』의 스틸컷

(*Citizen Kane*, 1841)을 통해 영화라는 대중매체가 '환영으로서의 진실'을 생산해낼 수 있음을 사유한 웰스는 스크린 속의 이미지가 허구냐 사실이냐가 아니라 그 이미지에 사람들이 어떻게 반응하느냐가 중요하다고 말하곤 했다. 그런 점에서 웰스가 할리우드에 발탁되게 된 결정적 계기인 라디오 방송(H. G. 웰스의 『우주전쟁』을 각색한 방송)에서부터 사실상의 유작 『진실과 거짓』(*F for Fake*, 1974)에 이르기까지 웰스의 모든 작품이 허구와 사실을 뒤섞은 '페이크 다큐멘터리' 형식을 취하고 있다는 것은 시사적이다. 사실 이것이야말로 영화라는 매체(더 나아가 예술이라는 장르 자체)의 핵심 속성일 텐데, 웰스가 미국 영화사 최초의 모더니스트라고 평가받는 이유 역시 영화라는 매체에 대한 웰스 자신의 자의식 때문이었다고 할 수 있다.

3 소설 속에서 둘시네아는 '알돈사 로렌소'라는 평범한 시골 처녀이다. 그러나 훌륭한 기사에게는 그에 걸맞게 사모하는 여인이 있어야 한다고 생각한 돈키호테는 (만나본 적 없는) 알돈사를 마음 속 연인으로 삼아 '둘시네아 공주'라고 부른다. 즉, 둘시네아는 실존 인물이라기보다는 돈키호테가 상상해낸 '이상적인' 여성인데, 이런 점에서 위 본문의 '둘시네아'라는 표현은 상상력 자체, 혹은 그 산물의 알레고리라고도 할 수 있다.

간주곡 II/Intermezzo II
호모 프로파누스: 동일성 없는 공통성의 세계로

하윤과 하린,
그리고 둘의 엄마 정은에게

1. 조르조 아감벤의 책은 그 어떤 분과학문에도 산뜻하게 들어맞지 않는다. 특히 『세속화 예찬』은 '가로지르기'의 콜라주이다. 짧게는 2~3쪽, 길게는 30여 쪽에 이르는 10개의 글에서 형이상학, 신학, 법학, 미학, 정치학을 종횡무진하며 다양한 주제에 독창적으로 접근하는 아감벤을 따라가다 보면 '현기증'이 날 정도이다. 게다가 아감벤은 각 글에서 상이한 자세를 취하기까지 한다. 어떤 글에서는 자연스럽고 친밀한 포즈를 취하다가도, 또 다른 글에서는 다소 수사학적인 장막을 드리운다. 그렇다 보니 겉보기엔 핵심을 간결하게 축약해놓은 듯한 구성인데도 막상 읽으면 내용은 난해한 편이다.

그러나 아감벤의 사유에 조금이나마 익숙한 사람들이라면 이 책은 충분한 자극제가 될 것이다. 곧 살펴보겠지만 게니우스라는 신(혹은 영)의 형상을 통해 비인격적/비인칭적 주체성의 이론을 가다듬고, 문학 장르로서의 패러디를 둘러싼 역사를 일별하며 무위로 들어갈 수 있는 가능성을 찾고, 성스러운 것과 세속적인 것의 역동적인 관계에서 공통의 사용/자유로운 사용의 정치적 함의를 끄집어내는 과정을 보고 있노라면 우리는 아감벤이 왜 뛰어난 사상가이며, 왜 무엇보다 항상 독창적인 독자인지를 알 수 있기 때문이다.

2. 우선 이 책의 제목과 관련된 내용부터 살펴보자. 제목이 암시하듯이 『세속화 예찬』은 성스러운 것에서 세속적인 것으로의 전환이 주요 테마이다. 아감벤은 이미 『언어활동과 죽음』(1982)에서 '세속적인 것'이라는 관념에 깊은 관심을 보여준 바 있다. 또한 아감벤에게 '성스러운'이라는 용어만이 아니라 '세속적인'이라는 용어가 지속적인 관심사였다는 점을 우리는 '호모 사케르' 시리즈들에서도 찾아볼 수 있다.

그런데도 불구하고 '성스러운'에 대한 아감벤의 관심이 호모 사케르 시리즈를 통해 구체화되고 있는 반면에 '세속적인'에 대한 깊이 있는 성찰은 『세속화 예찬』을 제외하면 그다지 부각되지 않았다. 따라서 우리는 거꾸로 이 책을 통해 아감벤이 걸어온 사유의 궤적을 포함해 그의 철학적 소명이나 정치적 기획 등에서 지금까지 알려지지 않은 요소들을 새롭게 바라볼 수 있게 될 것이다. 왜냐하면 호모 사케르 시리즈의 경우 주로 성스러운 것과 주권적 예외상태의 창조가 오늘날 우리가 살고 있는 이 끔찍한 정치적 상황에 책임이 있음을 논증하는 데 방점을 찍고 있다면, 『세속화 예찬』은 이런 상태로부터의 출구와 해결책의 실마리를 찾아볼 수 있게 해준다는 점에서 차이가 있기 때문이다.

그렇지만 주의하자. 우리가 일반적으로 사용하는 '세속화'라는 개념과 아감벤이 말하는 '세속화' 개념은 그 함의가 다르다. 그리고 이런 다름은 아감벤에게 영감의 끝없는 원천이 되어주는 발터 벤야민에게서 유래한다. 아감벤의 거의 모든 논의에는 벤야민이라는 특별한 계기가 깃들어 있는데, '세속적'이나 '세속화'라는 용어도 예외가 아니다.

벤야민은 「신학적·정치적 단편」에서 '현세적 실존'의 덧없음/일시성을 인정한 뒤 이 성좌에 '세속적인 것'이라는 결정적인 용어를 도입한다. "세속적인 것의 질서$^{\text{Die Ordnung des Profanen}}$는 행복의 관념 위에 세워져 있다."[1] 여기서 벤야민은 '환속적^{secular}'이라는 용어 대신 '세속적'이라는 용어를 사용하는데, 아감벤은 여느 때처럼 이런 용어 변화를 예민하게 포착한다.[2]

---

1) 발터 벤야민, 최성만 옮김, 「신학적·정치적 단편」, 『역사의 개념에 대하여/폭력비판을 위하여/초현실주의 외』, 도서출판 길, 2008, 130쪽.
2) 아감벤은 벤야민이 '환속화'라는 용어를 사용하는 방식에 의거해 이 둘을 구별한다. 벤야민은 칼 맑스가 메시아적인 것의 관념을 환속화했다거나, 슈미트가 좀 더 일반적인 정치학에서 신학적인 것의 환속화를 진단했다거나, 미학적 경험에서 종교적 아우라가 환속화됐다는 식으로 '환속화'라는 개념을 자주 사용했다.

그러나 아감벤은 "'세속화하다'가 무엇을 뜻하는지를 완벽하게 알았던"(107) 로마의 법학자들과는 달리 우리는 그 용어에 대한 의미/감각을 잃어버렸고 따라서 우리 자신이 끔찍한 위험에 노출되어 있다고 지적한다. 일찍이 "성스러운 것은 필연적으로 애매하고 순환적인 개념이다"[3]라고 강조한 뒤 이후의 작업을 통해 이 개념의 계보를 충실하게 추적한 바 있듯이, 아감벤은 세속적인 것이라는 개념 역시 명료화를 요구하는 애매함과 순환성을 담고 있다고 본 듯하다.

"성스러운 것이나 종교적인 것은 모종의 방식으로 신들에게 속하는 것이었다." 이런 이유로 이것들은 "인간의 자유로운 사용과 상업거래에서 떼어내졌다"(107). 신성모독이라는 관념은 이런 규정을 위반한 것에서 유래했다. 그러나 세속화란 신성모독보다는 '봉헌'과 관련될 때 가장 잘 파악될 수 있다. "'봉헌하다'가 인간이 만든 법의 영역에서 사물을 떼어낸다는 것을 가리키는 용어였다면, 거꾸로 '세속화하다'는 사물을 인간이 자유롭게 사용하도록 돌려준다는 뜻이었다"(108). 그러므로 세속화한다는 것은 성스러운 예외상태에 종속되어

---

[3] Giorgio Agamben, *Language and Death: The Place of Negativity*, trans. Karen E. Pinkus with Michael Hardt, Minneapolis: Minnesota University Press, 1991, p.105. 이하 본문에서 인용되는 모든 외국 문헌은 한국어판이 없을 경우 읽는이들의 접근 용이성을 감안해 영어판을 사용했다. 단, 인용된 내용은 원래 판본과 대조해 모두 수정했다. 이 책 『세속화 예찬』에서 인용한 경우는 인용문 뒤의 괄호 안에 쪽수만 적었다.

있는 사물(봉헌됐던 사물)을 그 원래의 맥락으로 되돌려준다는 것이었다.

따라서 아감벤은 환속화와 세속화를 구별한다. "환속화는 자신이 다루는 힘을 그저 한 곳에서 다른 곳으로 옮기기만 함으로써 이 힘을 고스란히 내버려둔다." 가령 신학적 개념의 정치적 환속화는 "천상의 군주제를 지상의 군주제로 대체할 뿐"이지만, 세속화는 "자신이 세속화하는 것을 무력화한다"(113). 환속화는 어떤 것을 성스러운 것으로부터 현세의 영역으로 되돌려주는 듯하지만 그냥 그렇게 '보일' 뿐이다. 환속화는 사물과 관념이 갇혀 있던 성스러운 영역에서 이것들을 자유롭게 하는 듯이 '보인다.' 그러나 사실상 환속화는 닫혀 있는 아우라의 장소만 바꿀 뿐이다.[4]

결국 환속화란 신학 개념에서 유래하는 분할을 보존하고 그저 그 권력의 중심을 자리만 바꾸게 하는 것일 뿐이다. 이에 반해 세속화는 훨씬 더 근본적인 차원에 관계한다. 그것은 우리의 사유구조와 경험구조의 혁명을 겨냥하며 어떤 실체적인 변화에 대응한다. 환속화는 성스러운 것을 폐기하지 않지만 세

---

[4] 아감벤이 어느 인터뷰에서 재확인했듯이 환속화는 성스러운 것을 결코 진정으로 폐기하지 않는다. 이 때문에 환속화는 문제의 해결책이 될 수 없고 오히려 정반대인데, 우리는 성스러운 것에 대한 이 관계를 무력화시켜야만 하며 세속화가 바로 이것을 맨 처음 가능하게 만든다. Abu Bakr Rieger und Giorgio Agamben, "Der Papst ist ein weltlicher Priester," *Literaturen*, Juni 2005, Berlin: Friedrich Berlin, S.22.

속화는 성스러운 것의 폐지를 목표로 한다. 요컨대 환속적-종교적 대 세속적-성스러운(신성한)이 서로 짝말이 된다. 즉, '세속적인 것의 질서'는 '성스러운 질서'와 대립한다.

3. 우리가 근대를 이해할 때 실마리가 되는 개념 가운데 하나가 '환속화'[5]이다. 이것은 원래 교회법에 있는 개념으로 엄밀하게는 교회의 자산이 세속의 손으로 옮겨가는 것을 뜻했다. 물론 모든 말의 운명이 그렇듯이 이 말 역시 어원적 의미를 벗어던지고 현실의 과정에 대응하면서 바뀌게 된다. 즉, 교회법을 가리키는 것이 아니라 근대에서 교회와 종교가 그 힘을 상실하는 과정이나 사태를 가리키게 된 것이다. 한편으로 환속화 과정은 종교적 기원에서 해방된 진보의 역사로 그려지기도 했고, 다른 한편으로는 그 종착지에 비참한 '탈마술화된 세계'가 놓여 있을 뿐이라는 타락과 퇴락의 역사로 간주되기도 했다. 특히 막스 베버, 테오도르 아도르노, 라인하르트 코젤렉은 이런 진보적 역사관과 퇴보적 역사관의 두 가지 가능성이 동면의 양전을 이루는 복잡한 과정으로 파악했다는 점에서 그 누구보다 걸출하다고 하겠다.

---

[5] 아감벤은 슈미트와 막스 베버가 환속화 개념을 각각 어떻게 규정하고 사용하는지 탐구한 바 있다. 조르조 아감벤, 정문영 옮김,『왕국과 영광: 오이코노미아와 통치의 신학적 계보학을 향하여』, 새물결, 2016, 36쪽 이하. 이 단락의 논의는 이 책에 크게 기대고 있다.

하지만 환속화에서는 여전히 종교적 요소가 살아남는다. 이 때문에 환속화는 근대와 종교의 연속성을 나타낸다는 이해와 근대와 종교의 단절을 나타낸다는 이해가 대립했다. 여기서 드러나듯이 환속화 개념의 핵심에는 근대의 정당성 문제가 놓여 있다. 그렇다면 근대는 자신을 배격하는 듯이 보이는 종교의 권위에 맞서서 자신의 정당성을, 자신의 권위를 주장할 수 있을까? 한스 블루멘베르크는 『근대의 정당성: 환속화와 자기주장』(1966)에서 환속화 문제에 대한 역사철학적 연구를 전개했다. 책 제목에 있는 '정당성'이라는 법학적 표현(정통성 $^{Die\ Legitimität}$) 자체는 이것이 이미 '법'과 관련되어 있음을 암시한다. 법이야말로 좁은 의미의 환속화, 즉 교회와 국가의 분리가 일어나는 영역이기 때문이다.

근대법이 종교적 지배로부터 유래한 것이라는 점을 집중적으로 논한 분야는 '정치신학'으로 불린다.[6] 이 문제에서 가장 중요한 인물은 『정치신학: 주권론에 관한 네 개의 장』(1922)의 칼 슈미트이다. 자신에게는 법과 종교의 유비적 관계가 너무도 자명한 것으로 보였기 때문에, 슈미트는 자신의 주권론에서 "근대 국가론의 모든 결정적 개념들은 환속화된 신학적

---

[6] 이와 관련해 참조할 수 있는 국내 문헌으로는 다음이 있다. 이영범, 「독일의 칼 슈미트 부활 논쟁: 은밀한 '편지'의 위험성과 중요성」, 『교수신문』, 2008년 4월 21일자; 장-클로드 모노 외, 양창렬 옮김, 「좌파의 칼 슈미트 수용 논쟁」, 『자율평론』(제13호), 2005. [jayul.net/index.php?zine_id=13]

개념들이다"7)라고 단언했다. 슈미트가 정치신학 개념을 지당하다고 보는 것은 신학적 논증이나 인식이 법의 그것과 동일한 구조를 갖고 있기 때문이다. 전능한 입법자로서의 신이라는 관념이나 예외상태와 종교적 기적 사이의 친화성을 상상해보면 이 점은 분명해 보인다. 그러나 『정치신학』이 출판된 직후 처음으로 이의제기를 한 곳은 신학 쪽이었다. 신학자 에릭 페테르존이 "모든 정치신학의 일소"라는 자신의 논쟁적 테제를 발표한 것이다.8) 이에 대해 슈미트는 『정치신학 II: 모든 정치신학의 일소라는 전설』(1969)로 응수했고, 그러는 동안에 블루멘베르크가 『근대의 정당성』을 출판해 '환속화' 개념의 사용을 날카롭게 비판했다.

블루멘베르크에 따르면 '환속화'란 역사적 경과/과정을 서술한 것이 아니며, 종교에서 법으로의 전환이나 근대 국가의 형성은 일종의 '대체구성'으로 생각되어야만 한다.

역사과정의 설명형식으로서 '환속화' 개념이 생겨나고 이것이 설득력을 지니게 된 것은 원래 다음의 것이 있었기 때문에

---

7) 칼 슈미트, 김항 옮김, 『정치신학: 주권론에 관한 네 개의 장』, 도서출판 그린비, 2010, 54쪽.

8) Erik Peterson, *Der Monotheismus als politisches Problem: Ein Beitrag zur Geschichte der politischen Theologie im Imperium Romanum*, Leipzig: Hegner, 1935.

비로소 가능해졌다. 즉, '환속화됐다'고 생각되는 표상이 역사적으로 명시가능해진 것은 이것이 실제로 역사과정 속에 존재하는 정체성에 의해서 뒷받침됐기 때문이다. 그렇지만 이런 정체성은 사태의 정체성이 아니라 기능의 정체성이다. 그 때문에 이것은 자기해석이나 세계해석 체계에서의 특정한 위치에서 사실상 다양하게 이질적인 형태를 취할 수 있다.

슈미트는 『정치신학 II』에서 주로 페테르존을 반박하지만 블루멘베르크의 논의 역시 정면에서 다룬다. 슈미트는 환속화 개념에 대한 블루멘베르크의 비판을 "일체의 정치신학을 학문적으로 부정하려는 시도"[9]라고 반박했다. 이것이 블루멘베르크를 논쟁의 무대로 끌어올리게 됐으며, 블루멘베르크는 그 나름대로 슈미트에 대한 논의를 덧붙인 『근대의 정당성』 증보판(1983)을 출판해 대꾸했다.

4. 슈미트-블루멘베르크 논쟁은 아주 복잡한 논의의 한 단면에 불과하기에, 이런 논의 구도에서 아감벤이 어떤 위치에 놓여 있느냐를 확정하는 것은 쉬운 일이 아니다. 텍스트를 표면적으로만 읽은 사람들이라면 아감벤이 '현실의' 예외상태를

---

9) Carl Schmitt, *Political Theology II: The Myth of the Closure of Any Political Theology*, trans. Michael Hoelzl and Graham Ward, Cambridge: Polity, 2008, p.117.

메시아의 도래와 결부시키고 있기 때문에, 슈미트의 경향을 밑바탕에 둔 정치신학을 실천했을 뿐이라고 너무 성급하게 결론 내릴지도 모르겠다.

그러나 좀 더 생각해보면 아감벤은 환속화 논쟁에 완전히 새로운 관점을 도입한다. 아감벤의 이론은 환속화의 역사에서 종교가 차지했던 바로 그 자리에 '법' 그 자체를 놓으려는 시도이다. 이때의 법은 모든 법이라기보다는 특히 '이교도적인 로마법'이어야만 한다. 왜냐하면 로마법은 중세에 극도로 복잡한 과정을 거쳐 그리스도교적 세계상에 적응해 바뀌고 그 속에 융합되어야만 했기 때문이다. 신성한 '법'은 '환속화'되기 전에 우선 종교적으로 법전화·집성되고 '신성화'되어야만 했다. 즉, 아감벤의 관점에서 보면 맨 처음 있었던 것은 종교가 아니라 법이었던 것이다. 바로 이것이 '성스러운 것'에 대한 아감벤의 해석과 관련지어볼 때 중요하다. 아감벤은 19세기 이후 세속화 테제를 의식한 연구자들이 '미개' 사회나 이와 유사한 곳에서 종교적 기원을 탐구했지만, 이것은 성스러운 것의 법적 기원을 무시하고 은폐한 것에 불과하다고 지적한다. 따라서 아감벤은 '성스러운 것'이 종교적 기원이 아니라 무엇보다 법적인 기원을 갖고 있음을 강조해야만 했다.

여기서 아감벤이 결정적 증거로 제시한 것이 고대 로마의 법적 형상인 '호모 사케르'이다. 주지하듯이 호모 사케르란 고대 로마법에서 엄청난 죄를 저지른 탓에 폴리스로부터 배척

당한 개인을 가리킨다. 호모 사케르로 선포된 개인은 살해당하더라도 그를 죽인 자에게 전혀 죄를 묻지 않고, 목숨을 내놓을 것을 요구하는 희생제의적 의례에서도 받아들여지지 않게 된다. 이런 점에서 이 '성스러운 인간'은 사회생활과 공동체의 법제화로부터 고립되어 있다. 그에게 적용될 수 있는 유일한 법은 그를 공동체의 영역에서 돌이킬 수 없이 떼어내는 것이다. 아감벤은 이 '벌거벗은 생명,' 즉 "살해는 가능하되 희생물로 바칠 수는 없는 생명, 즉 호모 사케르의 생명"이 "현대 정치에서 어떻게 본질적으로 작동하고 있는지를 보여주려고 한다."[10] 그도 그럴 것이 현대 정치에서 편재하는 기능이 바로 이런 '본질적 작동'이기 때문이다.[11]

---

[10] 조르조 아감벤, 박진우 옮김, 『호모 사케르: 주권권력과 벌거벗은 생명』, 새물결, 2008, 45~46쪽.

[11] 아감벤이 호모 사케르에 관심을 기울인 것은 상당히 오래됐다. "저는 이 라틴어 정식을 아주 오래 전에 발견했고, 그때 이후로 수년 동안 일종의 짐처럼, 일종의 수수께끼처럼 늘 달고 다녔습니다.." Hannah Leitgeb und Cornelia Vismann, "Das unheilige Leben: Ein Gespräch mit dem italienischen Philosophen Giorgio Agamben," *Literaturen*, Januar 2001, Berlin: Friedrich Berlin, S.17. 실제로 아감벤은 초기 저서인 『언어활동과 죽음』에서 '신성화'의 논리, 즉 어떤 대상이 세속의 영역으로부터 제거되면서 성스러운 것으로 추앙되는 논리를 분석한 뒤에 호모 사케르의 형상과 지위에 관한 사법적 정의를 제시한 바 있다. Agamben, *Language and Death*, p.105. 또한 『도래하는 공동체』(1990)의 마지막 장에서도 '성스러운 것'에 관해 로마인들이 지닌 인식의 역설적 지위를 묻고 있다. 조르조 아감벤, 이경진 옮김, 「톈안먼」, 『도래하는 공동체』, 꾸리에, 2014, 119~120쪽.

5-1. 정치신학과 환속화를 둘러싼 논쟁에서 아감벤의 입장을 뒷받침하는 중요한 고찰은 '천사론'에 관한 연구에서 찾아볼 수 있다.12) 천사에 관한 페테르존의 논고를 독해하면서 아감벤은 천사의 특별한 위치를 실마리 삼아 지배와 통치에 대한 그리스도교적 관계의 특수성을 서술한다. 예를 들어서 아감벤은 신의 위계질서가 환속적인 위계질서와 엄격하게 평행관계를 이루고 있다고 해석하는데, 이런 관계는 '신의 통치'라는 기법 속에서 기능한다. 신의 통치라는 개념을 통해 그리스도교는 세 개의 일신교적 종교 중에서 유일하게 세계의 통치를 신성성 속에 편입했다는 것이다.

분명히 유대교에도 천사는 존재한다. 그러나 그들은 신과는 소원한 관계에 있고, 신과 경쟁하며, 이보다 훨씬 오래된 우주론적 질서의 후예처럼 보인다. 이슬람교에는 천사가 필요 없다. 왜냐하면 신이 직접 세계의 과정에 개입하기 때문이다. 그래서 천사의 위계질서를 지닌 그리스도교에서만 통치의 표상과 같은 것이 형성됐던 것이다. 그리스도교는 환속적인 통치를 신의 초월 속에 끌어들였다는 점에서 특출하다. 그렇지만 주권은 그 고유한 의미에서 환속화될 필요가 없기 때문에 주권을 환속화된 초월로 간주하는 테제는 아무런 쓸모가 없다.

---

12) 아감벤, 『왕국과 영광』. 특히 제6장 「천사론과 관료제」를 참조하라. 여기서 아감벤은 천사들에 대한 에릭 페테르존의 소론을 검토한다.

이런 점에서 천사론은 환속적 통치의 패러다임도 아니고 유사물도 아니다. 오히려 천사론은 우리가 '세계의 통치'라고 서술할 수 있는 특별한 형식의 권력이나 신의 작용으로서, 가장 오래되고 가장 정밀한 반성으로서 존재한다.

아감벤이 환속화 논쟁에 기여한 바는 종교에 숨겨져 있는 법적인 것과 정치적인 것의 차원을 부각시켰다는 데 있다. 물론 전통적인 법학자나 법학사 연구자들은 아감벤의 논의를 그렇게 우호적으로 평가하고 있지는 않다. 따라서 아감벤의 독특한 입장을 보려면 아감벤처럼 법·정치와 종교의 관계를 새롭게 규정하는 데 몰입한 다른 동시대 이론가들의 논의와 연결해 살펴보는 것이 더 나을 것이다. 대표적으로 클로드 르포르와 피에르 르장드르의 논의를 살펴보도록 하자.

5-2. 클로드 르포르는 「신학-정치적인 것의 존속?」(1981)이라는 글을 통해 근대 사회에서 불가결하다고 간주되는 종교와 정치의 분리를 비판적으로 고찰했다. 이 글이 발표된 당시 가톨릭의 영향을 받았음이 분명한 폴란드 연대노조 운동은 종교적 설득력이 곧 정치적 실력이 될 수 있음을 현실에서 입증했다. 더욱이 최근에는 정치적 영향력이 강한 종교적 원리주의/근본주의가 셀 수 없을 만큼 증대하고 있다. 여기서 원리주의란 꼭 이슬람교만을 염두에 둔 게 아니다. 가령 미국의 각종 선거에서 우파는 그리스도교 원리주의 분파의 강력한 정치적

영향력의 도움으로 승리를 거두곤 한다. 이런 사정을 감안한다면 정치와 종교가 직접적으로 관련되어 있다는 르포르의 테제를 쉽사리 물리치기는 힘들다.

그런데 르포르는 종교가 정치로 덜 환속화됐다거나 환속화에 실패해 이런 일이 생겼다고 보지는 않는다. 이와 마찬가지로 슈미트처럼 정치와 신학 사이에 본질적인 유비관계가 있다고 보지도 않는다. 르포르의 용어를 사용한다면, 차라리 종교와 정치를 연관시켜주는 것은 '신체화'라고 할 수 있다. "우리가 스스로는 순수한 종교적 실천이나 순수한 환속적 실천, 그도 아니라면 대리/대표의 문제를 다루고 있다고 생각할 때조차 종교와 정치의 밀접한 상호연관을 떠받치고 있는 것은 신체화 메커니즘의 작용이다."[13]

이런 맥락에서 르포르는 19세기 이래 일어난 역사적 전환을 환기시킨다. 19세기 이래로 권력이나 법이 탈신체화되어 사상과 사회적인 것이 탈신체화됐고, 그로 인해 '상징적인 것'이 신체화의 힘을 상상적인 것의 영역으로 추방한 사실을 말이다. 그런데도 여전히 종교와 정치의 융합이 일어나고 있다는 것은 근대 민주주의를 독해가능한 것으로 삼는 시도가 커다란 난점을 지닐 수밖에 없음을 나타낸다.[14] 그러나 아감벤은 신

---

13) Claude Lefort, "The Permanence of the Theologico-Political?," *Democracy and Political Theory*, trans. David Macey, Cambridge: Polity, 1988, pp.254~255.

체화 전략에 그런 전환이 있었다는 가정을 르포르와 공유하지 않는다. 오히려 아감벤은 호모 사케르라는 형상을 제시함으로써 고대 로마 이래로 발생한 정치체제의 변화를 통해 또 다른 신체화 메커니즘이 등장했다는 것을 밝히려 한다. 종교적일 뿐만 아니라 법적인 신체화 메커니즘이 말이다.

5-3. 법-역사학을 정신분석적으로 고찰하고 있는 르장드르는 '상징화'를 더욱 강조하고 긍정한다. 르장드르 역시 아감벤만큼이나 종교와 법의 연관에 대해 강한 문제의식을 갖고 있다. 그러나 유사한 전제에도 불구하고 르장드르는 완전히 상이한 결론에 도달했다. 르장드르의 고찰에서 중심이 되는 것은 법

---

14) Lefort, "The Permanence of the Theologico-Political?," p.255. 르포르의 말처럼 프랑스 인민들이 루이 16세의 목을 쳤을 때, 즉 주권 혹은 권력을 제 몸에 체화했다고 여겨지던 인격적 권력을 없애버렸을 때 신체화는 상징적인 것에 자리를 내줬다. 요컨대 그 어떤 통치자도 온전히 권력을 체화할 수 없게 되어 권력의 공간이 텅 비어버리게 된 이후, 그 텅 빈 공간을 메워나간 것은 상징적인 것이었다. 권력과 사회, 종교와 정치가 분리되어 각자의 자율적인 영역을 갖게 된 것이 이때부터이다. 그런데 20세기에 들어와 전체주의나 근본주의가 등장함으로써 이 '분리'가 다시 봉합되는 일이 빚어졌다. 르포르의 '상징적인 것'의 개념에 대해서는 다음을 참조하라. 홍태영, 「클로드 르포르: 정치적인 것의 발견과 현대 민주주의의 모색」, 『현대 정치철학의 모험』, 도서출판 난장, 2010, 30~39쪽. '신체화'의 재등장에 관해서는 다음의 글을 참조할 것. Claude Lefort, "Disincorporation and Reincorporation of Power," *Complication: Communism and the Dilemmas of Democracy*, trans. Julian Bourg, New York: Columbia University Press, 2007, pp.139~145.

률이 힘을 갖기 위해서는 살해될지도 모른다는 위협이 처음부터 어떻게든 필요했던 게 아닌가라는 질문이다. 즉, 복종을 요구하는 제도나 법률 이전에 '선행적 복종'이 존재해야만 하는 게 아닌가라는 것이다.

르장드르에 따르면 선행적 복종은 주체가 법률에 에로스적으로 깊이 결합되어 있다는 점에서 출발한다. 이 결합은 아이가 부모에게 품고 있는 무조건적인 사랑 같은 것으로서,15) 주체는 처음에 법률이나 권위와 접촉함으로써 비로소 주체로 자기형성하며, 르포르가 '상징화'라고 명명한 능력을 발전시킨다. 르장드르에게 법률의 힘은 존재하지 않고 결여되어 있는 권위의 형상을 기반으로 삼고 있다. 이런 권위의 형상은 늘 대리/대표되고 상징될 수 있을 뿐이며, '벌거벗은 임금님'의 새로운 옷처럼 실제로는 전혀 존재하지 않는다. 법률과 법률을 대표하고 관리하는 제도의 내부에는 커다란 공허나 균열이 입을 벌리고 있다. 인간은 그 공허를 투영投影에 의해, 즉 한 사람이 소유하고 또한 소유하지 않으면 안 되는 권력이라는 연출에 의해 늘 되풀이하고 채워야만 한다. 그렇게 하지 않으면 인간은 '주체'가 될 수 없다.

---

15) Cornelia Vismann, "Legendre: Historiker, Psychoanalytiker, Jurist," *Pierre Legendre: Historiker, Psychoanalytiker, Jurist,* Hrsg. Cornelia Vismann, Susanne Lüdemann, und Manfred Schneider, Berlin: Syndikat-Verlag, 2001, S.153.

선행적 복종을 중시하는 르장드르와 달리 아감벤은 '주권적 추방'을 강조한다.[16] 아감벤은 주권적 추방이야말로 법률의 잠재력이나 잠재태이며, 따라서 그것을 깨뜨려야 한다고 생각한다. 이 때문에 아감벤은 추방당하기 전에 출현하는 어떤 것에 기대를 걸고 있는 것처럼 보인다. 그러나 선행적 복종이 주체 생성의 결정적 계기라고 보는 르장드르에게 그것은 새로운 정치가 아니라 모든 정치의 종언이다.

그러나 우리가 주목해야 할 것은 아감벤과 르장드르(그리고 르포르)의 대립 자체는 아니다. 아감벤의 연구가 지금까지 어둠에 싸여 있던 주권성이라는 영역에 새로운 빛을 던져줬다는 것은 분명하다. 아감벤은 주권성에서 벗어나는 시대가 미래에 기다리고 있으며, 그때에야 비로소 분명히 인식될 수 있는 정치적 행위의 가능성과 사유의 가능성을 개시했다. 그러므로 차라리 우리는 아감벤이 말하는 이 가능성의 희망을 따져봐야 한다. 이제부터 우리가 살펴볼 것이 바로 이런 희망이다.

6. 아감벤은 성스러운 것과 세속적인 것을 모두 탈신성화한다. 성스러운 사물에 고유하게 성스러운 것이란 없듯이 세속적인 사물에도 고유하게 더럽혀진/오염된 것이라고는 없다. 어떤 것을 세속화한다는 것은 어떤 것의 본성을 저하시킨다거나

---

16) 아감벤, 『호모 사케르』, 119~123, 213~232쪽.

그 가치를 축소한다는 의미가 결코 아니다. 오히려 이와 반대로 세속화는 어떤 사물과 실천을 공통의 사용을 위해 해방한다는 아주 단순한 이유 때문에 긍정적인 행위이다. 그래서 아감벤은 "인간이 공통으로 사용하도록 되돌려진 것은 순수하고 세속적일 뿐만 아니라 성스러운 명칭에서 자유롭기도 하다"(108)라고 쓴 것이다.

'순수하다,' '세속적이다,' '자유롭다'라는 이 세 개의 형용사야말로 세속화가 무엇을 의도하는지, 또 아감벤이 왜 세속화를 예찬하고 싶어 하는지를 잘 드러낸다. 세속화의 목표는 법의 영역에서 사물을 분리해 따로 떼어내고 성스러운 명칭으로부터 사물을 자유롭게 하는 것이다. 다시 말해서 세계의 사물을 원래의 자연적 맥락, 즉 공통의 자유로운 사용으로 되돌리는 것이 세속화의 목표이다. 그래서 아감벤은 이렇게 단언한다. "고유화와 탈고유화 같은 개념을 넘어서 오히려 자유로운 사용의 가능성과 양상을 사유해야 한다."[17]

아감벤은 어느 인터뷰를 통해 그리스도교 교회와 프란체스코 수도회 사이에서 벌어진 논쟁을 다루며 '자유로운 사용'이라는 말로 자신이 무엇을 염두에 두고 있는지 분명히 밝힌 적이 있다. 당시 그리스도교 교회와 다른 수도회는 소유권과 분

---

17) 조르조 아감벤, 김상운·양창렬 옮김, 『목적 없는 수단: 정치에 관한 11개의 노트』, 도서출판 난장, 2009, 128쪽.

리된 사용권 또는 용익권을 자신들의 생활방식으로 분류한다고 주장했다. 그러나 프란체스코 수도회는 사적인 재산을 소유한다는 관념을 거부했을 뿐만 아니라 (수도회의 이름으로) 공통의/공동체적 소유권을 받아들이는 것도 거부했다. 아감벤의 말을 빌리면 프란체스코 수도회는 "사용권이 아니라 아무런 권리도 없는 사용"[18]을 주장했던 것이다.

프란체스코 수도회는 이런 사용을 우수스 팍티$^{usus\ facti}$, 즉 사실상의/사실의 사용이라고 불렀는데 이런 사용은 정당한 소유권이라는 관념도 범주적으로 거부한다. 요컨대 당시 그리스도교 교회의 생각과는 달리 '적법한 사용'이란 것이 결코 정당하지 않다는 혁명적 함축을 수반하는 것이다. 그러므로 아감벤이 『세속화 예찬』에서 자유로운 사용이라는 관념으로 돌아가는 것은 놀라운 일이 아니다. 왜냐하면 무법적 사용이나 권리 없는 사용이라는 관념은 세계의 사물(특히 성스러운 소수에 의해 봉헌된 모든 사물과 실천)이 원래 맥락으로 '되돌려져야' 한다는 '자유로운 사용'에 대응하기 때문이다.

ℵ 아감벤은 『언어활동과 죽음』에서 희생제의와 성스러운 것의 관계를 언급하고 있다. "희생제의의 중심에는 어떤 결정적

---

18) Stany Grelet et Mathieu Potte-Bonneville, "Une biopolitique mineure: Entretien avec Giorgio Agamben," *Vacarme*, n°10, hiver, 2000. [www.vacarme.org/article255.html]

행위가 있는데, 그 자체로 배제에 의해 분리되고 눈에 띄게 된다. 이렇게 그 행위는 성스러운 것이 되며 일련의 금기와 의례적 계율로 채워진다. 그러나 성스러움에 의해 눈에 띄게 되는 금기된 행위는 그저 배제되는 것이 아니다. 아니, 이제는 특정 인물이 특정한 규칙을 따라 접근할 수 있다. 이런 식으로 그 행위는 사회와 그 무근거적 입법에 [새로운] 시작이라는 허구를 공급한다. 사실상 공동체에서 배제된 것에 근거해 공동체의 삶 전체가 성립된다."[19]

이렇듯 기존의 공동체가 그 공동체에서 배제된 성스러운 것 위에 세워진다면, 벤야민의 '세속적인 것의 질서'와 아감벤의 '도래하는 공동체'는 이 배제에 맞서는 실천 위에 세워진다. 따라서 아감벤은 기존의 '무근거적 입법'을 문제 삼는다. 세속화의 목적은 이런 무근거적 입법을 철회하고, 구조의 결정적 힘이 결여되어 있도록 구조에 대한 새로운 사용을 발견하는 것이다. "새로운 사용의 창조는 오래된 사용을 비활성화함으로써만, 오래된 사용을 무위로 만듦으로써만 가능하다"(125). 바로 이 때문에 이 새로운 사용은 '순수 수단들,' 다시 말해서 '목적 없는 수단'이 된다.

이렇게 보면 세속화라는 개념은 무위를 비롯해 소명, 잠재성 같은 아감벤의 다른 개념과 마찬가지로 아감벤의 작업에

---

19) Agamben, *Language and Death*, p.105.

서 '새로운 사용'으로 정향되어 있다. 『언어활동과 죽음』의 마지막 부분에서 아감벤은 이렇게 쓴다. "철학은 인류로서의 인간의 기반이다 …… 그리고 인간이 인간의 무근거성, 희생제의적 신비의 말할 수 없음에 아무런 책임이 없음을 선언하려는 노력이다."[20] 『세속화 예찬』에서 탐구되는 것이 바로 이런 희생제의적 신비이다.

7. 자유로운 사용은 공동체적이고 심지어 공산주의적이기까지 한 사용이다. 이렇듯 자유로운 사용은 일종의 이상理想이기도 한데, 바로 그 때문에 이런 범주를 어떻게 재인식해야 하는지, 사물을 세속화하는 방법과 수단을 어떻게 고안할 수 있는지, 그리하여 어떻게 사물을 공통의 사용으로 되돌릴 수 있는지 같은 어려운 문제가 나타난다. 아감벤은 벤야민에게서 이 문제를 해결하는 데 사용할 수 있는 첫 번째 지표를 발견한 듯하다. 특히 "생명의 성스러움이라는 교의의 원천은 탐구해볼 만한 가치가 있다"[21]라는 뜻밖의 주장에서. 실제로 『언어활동과 죽음』에서 『왕국과 영광』에 이르기까지 아감벤은 '생명의 성스러움'이라는 관념(그리고 '생명의 세속성'이라는 관념)을 길잡이 삼아 서구 지성사의 구석구석을 훑어왔다.

---

[20] Agamben, *Language and Death*, p.106.
[21] 발터 벤야민, 최성만 옮김, 「폭력비판을 위하여」, 『역사의 개념에 대하여/폭력비판을 위하여/초현실주의 외』, 도서출판 길, 2008, 115쪽.

무엇보다 아감벤은 고대 그리스의 경우 "생명을 그 세속적 맥락으로부터 분리시키기 위한 일련의 의례를 거쳐야만 생명은 비로소 성스러운 것이 될 수 있었다"[22]고 주장한다. 여기에서도 아감벤은 '세속적 맥락'이 사물의 원래 맥락이었음을 우리에게 상기시켜주는데, 일찍이 『언어활동과 죽음』에서도 분명하게 밝혔듯이 아감벤은 어떤 인위적인 의례에 의해 성스러운 것이 일상생활의 연속성에서 빠져나와 세속적인 것과 분리됐고, 소수가 다수에 대해 성스러운 공간과 성스러운 권력을 창출하고 차단한다고 본다. 『세속화 예찬』에서 아감벤은 바로 이 과정을 전복하려고 하는 것이다.

그렇다면 우리는 어떻게 세속화하는가? "세속화한다는 것은 분리를 무시하는, 아니 오히려 분리를 특수하게 사용하는 소홀함의 특별한 형식이 지닌 가능성을 열어젖힌다는 것을 뜻한다"(110). 아감벤이 '소홀함'의 첫 번째 패러다임적 형태로 제시하는 것은 '놀이'이다.[23] 그도 그럴 것이 "우리가 알고 있

---

[22] 아감벤, 『호모 사케르』, 119~123, 151쪽.
[23] '호모 사케르'와 마찬가지로 '놀이'에 대한 아감벤의 관심 역시 전혀 새로운 것은 아니다. 일찍이 『유아기와 역사』에서 아감벤은 성스러운 실천의 세속화인 의례가 놀이로 진화된 과정을 연구한 바가 있다. 이 연구는 의례가 세속적인 것(즉, 놀이)으로 되고, 놀이가 다시 의례로 되는 '체계'와 '메커니즘'을 이해하려는 상당히 구조주의적인 시도였는데, 아감벤은 이 책을 클로드 레비-스트로스에게 헌정하기도 했다. 조르조 아감벤, 조효원 옮김, 『유아기와 역사: 경험의 파괴와 역사의 근원』, 새물결, 2010, 127~164쪽.

는 놀이의 대부분은 고대의 성스러운 제의들, 넓게 말하면 종교적인 영역에 속했던 예언 풍습과 의례에서 유래"(110)했기 때문이다. 가령 태양을 소유하기 위해 신들이 벌인 싸움을 본뜬 공놀이, 신탁 풍습에서 유래한 도박, 점술의 도구였던 팽이와 체스판 등이 좋은 예이다. 요컨대 놀이는 "성스러운 것의 영역을 단순히 폐기하는 것이 아니라 이 영역에서 인류를 자유롭게 떼어낸다"(111).

그러나 놀이에 호소하는 것은 오늘날 그렇게 단순한 함축을 지니지 않는다. 무엇보다도 "세속화의 기관으로서의 놀이는 도처에서 쇠퇴"(112)하고 있기 때문이다. 그렇다고 놀이가 우리 문화에서 완전히 사라져버렸다는 뜻은 아니다. 오히려 놀이는 예전보다 훨씬 더 많아졌다. 그러나 오늘날 놀이는 원래의 세속화하는 역할을 수행하지 못하고 있다. 결국 오늘날 우리가 이런 놀이에서 발견하는 것은 세속화하는 도구나 힘이 아니라 "잃어버린 것의 축제에 다시 접근할 가능성, 성스러운 것과 그 의례로의 회귀"(112)를 향한 집요함뿐이다. 바로 이 때문에 오늘날에는 "놀이에 그 자체의 순전히 세속적인 사명을 되돌려주는 것"이 "정치적 과제"가 됐다(113).

8. 『목적 없는 수단』에서 아감벤은 '도래할 사유'의 과제로 '행복한 삶'을 꼽았다. 그것은 '충족한 삶'이자 '절대적으로 세속적인 삶'으로서 그 안에서는 삶 자체의 고유한 역량과 그것의

고유한 소통가능성이 완성된다. 그래서 이 삶에는 주권도 법도 그 어떤 영향을 미칠 수 없다.[24] 그러나 아감벤은 상황의 긴급함(전쟁, 내전 등) 등을 빌미로 국가가 시민의 모든 권리를 중지시킬 수 있는 예외상태가 이제는 예외가 아니라 규칙이 됐다고 주장하지 않았던가? 그리고 이런 근대 국민국가의 주권에 종속된 모든 사람이 벌거벗은 생명, 즉 인격적 존엄성과 권리를 박탈당한 존재로 축소·환원된다고 주장하지 않았던가? 그렇다면 예외상태 속의 벌거벗은 생명은 '충족한 삶,' '절대로 세속적인 삶'을 어디에서 추구해야 하는가?

아감벤은 『호모 사케르』의 끝부분에서 "신체와 쾌락의 새로운 질서"를 새로운 정치의 지평으로 제안하는 미셸 푸코의 기획에 다음과 같이 회의적인 견해를 밝힌 바 있다.

> 서양의 생명정치적인 신체는 단순히 오이코스 속에서의 자연적 생명으로 환원될 수 없듯이, 쾌락과 생체 기능의 새로운 질서가 하나의 새로운 신체 …… 즉, 서양의 정치적 운명을 규정하게 될 조에와 비오스의 교착을 단호하게 해소해버린 새로운 신체를 향해 나아가는 과정에서 극복될 수도 없다. 그보다는 벌거벗은 생명에 다름 아닌 이 생명정치적 신체 자체가 벌거벗은 생명 속에서 완전히 고갈된 삶의 형태로, 또

---

24) 아감벤, 『목적 없는 수단』, 125쪽.

한 다만 자신의 조에에 불과한 비오스의 구성과 설립의 장으로 바뀌어야 한다.[25]

이런 '삶의 형태'는 벌거벗은 생명이 성스러운 분리의 상태나 예외상태에 놓여 있을 수 없는 곳에서 비오스와 조에가 일치하는 세속적인 삶이다. 따라서 아감벤이 추구하는 것은 지금까지 신체에 부여되어왔던 것과는 다른 속성을 지닌 '새로운 신체'의 발견이나 '새로운 삶'의 개념화가 아니라, 신체와 삶이라는 개념에 대한 우리의 '관계맺음 자체'를 자리바꿈시키는 것이다. 이런 점에서 아감벤은 푸코(또한 질 들뢰즈)처럼 국가체제의 포획과 수복의 역량에서 벗어날 수 있는 새로운 신체를 구축하는 것이 아니라, 벌거벗은 생명 자체의 '자유로운 사용'(이것이 바로 '세속적인 것'이다)을 발전시키려고 한다.

오늘날 규칙이 된 예외상태 속의 벌거벗은 생명과 정반대되는 형상은 조에나 비오스 둘 중 하나가 아니라 이 둘이 구별할 수 없을 정도로 합쳐진 형상이다. 아감벤이 말하는 '삶-의-형태'forma-di-vita가 바로 그것이다. "삶-의-형태라는 용어를 통해서 우리는 그 형태와 결코 분리할 수 없는 삶, 그것으로부터 벌거벗은 생명 같은 것을 결코 고립시킬 수 없는 삶을 가리킨다. …… 이 삶에서는 살아가는 모든 방식, 모든 행위, 모든 과

---

[25] 아감벤, 『호모 사케르』, 119~123, 352~353쪽.

정이 결코 단순한 사실이 아니라 항상 무엇보다 삶의 가능성이며, 항상 무엇보다 역량이다."26)

결국 아감벤이 염두에 둔 삶-의-형태란 삶/생명의 속성을 총합한 것도, 삶의 역사적 연대기도 아니다. 오히려 잠재적이고 역량 있는 삶을 그 본질로 삼고 있는 삶이다. 삶을 그 속성 중 어느 하나로 환원하거나, 사회가 삶에 배정한 속성으로 환원하는 것은 배제와 폭력을 가능하게 만드는 조건에 불과하다. 이와 달리 벌거벗은 생명과 그 본질을 역량/잠재성으로 사유한다는 것은 주권의 논리가 삶에 대한 개념 규정을 둘러싸고 우리를 끊임없이 옥죄어왔던 매듭을 풀려고 노력한다는 뜻이다. 따라서 우리가 해야 하는 것은 삶 자체와 벌거벗은 생명을 근본적으로 (재)규정하는 것이며, 유일하게 필연적이고 보편적인 속성이란 그것의 우발성 혹은 잠재성 자체인 잠재성을 자유롭게 사용하는 것이다.

9. 『세속화 예찬』은 일찍이 『도래하는 공동체』가 아주 복잡하게 던진 질문을 훨씬 간결한 형태로 다시 제기한다. "분리 없는 사회가 과연 가능할까?" 그러나 아감벤은 곧 '계급 없는 사회'의 개념을 예로 들면서 자신의 질문이 잘못 정식화된 듯하다고 말한다. "계급 없는 사회란 계급적 차이의 모든 기억을

---

26) 아감벤, 『목적 없는 수단』, 13~14쪽.

폐지하고 잃어버린 사회가 아니라 새로운 사용을 가능하게 만들기 위해서, 그런 차이를 만들어내는 장치들을 비활성화해 그 차이 자체를 순수한 수단으로 변형하는 법을 배운 사회이다"(126). 요컨대 분리를 폐지하고 지우는 것이 아니라 분리를 새로운 사용에 집어넣는 것, 가지고 노는 것이 관건이다.

아감벤은 "모든 양태와 모든 성질을 탈-고유화하고 탈-정체화하는 문턱,"[27] 그곳에서만 모든 양태와 성질이 소통가능해지는 문턱에 대해서 말한 적이 있다. 이 문턱이 "현세의 삶을 완전히 향유하는 것만을 추구하는 정치공동체"[28]라고 아감벤이 부른 것의 윤곽을 드러낸다. 그리고 "이처럼 텅 비고 미리 규정할 수 없는 공동체"를 이해하고 만들어내는 것이야말로 "도래할 인류의 유아기적 과제"이다.[29]

이런 과제 때문에 우리는 아감벤이 소명이라는 관념에 부여한 의미를 떠올리게 된다.

윤리에 관한 모든 담론의 출발점이 되어야만 하는 것은 인간이 행하거나 실현해야만 하는 본질, 역사적·정신적 소명, 생물학적 운명 같은 것은 없다는 사실이다. 이것이 윤리 같은 것이 존재할 수 있는 유일한 이유이다. 왜냐하면 인간이 …… 이러

---

[27] 아감벤, 『목적 없는 수단』, 111쪽.
[28] 아감벤, 『목적 없는 수단』, 125쪽.
[29] 아감벤, 『유아기와 역사』, 26쪽.

저러한 운명이거나 운명이여야만 한다면, 그 어떤 윤리적 경험도 가능하지 않다는 점은 분명하기 때문이다. 그저 행해야 하는 과제만 있게 될 뿐.30)

도래하는 공동체를 위해서 어떤 사태가 도래하기를, 성스럽거나 초월론적 영역에서 어떤 판단이 내려지기를 기다릴 필요는 없다. 아감벤은 "도래는 미래를 뜻하지 않는다"31)고 강조한다. 왜냐하면 '지금이라는 시간/때'는 더 이상 최종 형태를 기다리지 않기 때문이다. 지금이라는 시간, 우리의 행동이라는 이름으로 아감벤은 인류에게 예정된 뭔가 특정한 '본질'이나 '운명'이 있다는 개념 규정을 거부한다. 아감벤이 보기에 우리네 인간의 상태를 정의하고 이 세계에서 인간 존재의 가장 근본적인 특징을 이루는 것은 본질적으로 인간에게 '확정된 소명' 같은 게 존재하지 않는다는 사태이다.

10. 확정된 소명의 본질적인 부재. 이 부재는 무위^{inoperosità} 개념과 맞닿아 있다. 장-뤽 낭시, 모리스 블랑쇼 등의 영향을 크

---

30) 아감벤, 『도래하는 공동체』, 65쪽.
31) 아감벤, 『도래하는 공동체』, 151쪽. 본문에서 인용한 구절은 『도래하는 공동체』 제3판 후기에 나온다. Giorgio Agamben, "Tiqqun de la noche," *La comunità che viene*, Torino: Bollati Boringhieri, 2001. p.92. 초판을 옮긴 영어판에는 당연히 이 후기가 없지만, 인터넷에서 쉽게 영어 번역을 찾을 수 있다. [notesforthecomingcommunity.blogspot.com]

게 받긴 했지만 아감벤의 개념 규정은 훨씬 더 근본적이며 역사적이다. 아감벤은 아리스토텔레스에서 현재에 이르기까지 무위 개념을 줄곧 추적하면서 그 궁극적 함의를 규명한다. 무위, 즉 인-오페로-지타$^{\text{in-opero-sità}}$란 어떤 개인이나 사회가 실현하거나 행해야 할 어떤 특정한 '작업'$^{\text{opera/opus}}$ 같은 건 없다는 것을 뜻한다. 인류는 '무위적'이라고 말할 때 아감벤은 인류가 기능장애에 빠졌다거나 인류의 자연상태란 무위도식이나 무감동적인 게으름이라고 말하려는 것이 아니다. 오히려 특정한 작업의 부재는 우리의 세계를 더 나은 것으로 만들라는 보다 근본적인 작업을 요청한다. 즉, 역사나 신적 의지의 변증법이 지닌 자연적이고 불가피한 결과가 세계를 더 나은 것으로 만드는 것이 아니라는 말이다.

인간의 역사와 삶은 우발적이다. 그리고 이것은 인간이 자유롭다고 말하고 인식하는 것이다. 가고 싶은 곳으로 자유롭게 갈 수 있으며, 상상할 수 없을 만큼 잔악한 행위를 자유롭게 저지르고 겪을 수도 있다. 이와 마찬가지로 인간은 사건의 과정들을 자유롭게 바꿀 수 있으며, 좀 더 정의롭고 평등주의적인 질서를 창출할 수도 있다. 바로 이런 의미에서 아감벤은 (얼핏 수수께끼 같은 정식처럼 보일 수 있으나) 우리 시대가 역사적인 시대가 아닌 첫 번째 시대라고 말한다. 이것은 인간의 역사가 우리 세대에 끝날 것이라는 뜻이 아니라, 지금까지의 지배적인 시대 인식이 끝날 수 있다(끝나야만 한다)는 뜻이다.

"세계사가 종말을 맞이한 지금에서야 인류의 역사가 시작된다"32)고 말한 한나 아렌트와 비슷하게, 아감벤은 "마지막 날 이후에 세상에서 시작되는 생명은 그저 인간의 생명뿐이다"33)라고 지적한다. 아감벤이 세속적인 것의 질서에 붙이는 이름, 마지막 날 이후에 시작되는 생명에 붙이는 이름('치유할 수 없는'L'irreparabile)은 "더 나은 것이 될 수 있지 않음"이라는 의미에서가 아니라 어떤 마술 지팡이나 성스러운 주권자도 우리의 재난/화를 종식시킬 수 없을 것이며, 우리는 몇 가지 궁극적 사건의 예기 속에서 살아가길 그쳐야만 한다는 의미로 이해되어야 한다. 그리하여 이 생명은 자신을 결정, 해소, 변형, 실체 변환시킬 정점에 있는 사건을 기다리지 않는다. 진보의 변증법이든 묵시록적인 종말의 날의 방식으로든 간에. 그리고 이 때문에 모든 우리의 노력(개인적·집단적 노력)은 아감벤이 "모든 날의 끝"(41)이라고 부른 것을 향해야 한다.

11-1. 『세속화 예찬』에 수록된 「패러디」는 일찍이 아감벤이 그녀의 시를 "비극의 빛나는 불사조, 비극이 남긴 불멸의 재"34)

---

32) 한나 아렌트, 홍원표 옮김, 「칼 야스퍼스: 세계시민?」, 『어두운 시대의 사람들』, 인간사랑, 2010, 137쪽.
33) 아감벤, 『도래하는 공동체』, 16쪽.
34) Giorgio Agamben, *The Ends of Poems*, trans. Daniel Heller-Roazen, Stanford, CA: Stanford University Press, 1999, p.132.

라고 칭송한 엘사 모란테의 『아르투로의 섬』을 논의하고 있다. 그러나 『언어활동과 죽음』을 쓰던 자신에게 "언어와 죽음이라고? 언어는 죽음이야"35)라고 갈파한 오랜 친구에게 아감벤이 바치는 이 한없는 오마주 속에는 아감벤의 무위 개념에 다가설 수 있는 모티프 하나가 심어져 있다. '파라바시스'parabasis라는 그리스 희극의 연출기법이 바로 그것이다.

『아르투로의 섬』의 화자인 아르투로는 자신의 아버지 빌헬름 제라체가 토니노 스텔라라는 죄수에게서 "집어치워, 유치한 패러디로군!"이라는 욕지거리를 듣게 되는 것을 우연히 보게 된다. 토니노에게 동성애적 감정을 품고 있는 제라체가 감옥의 창 너머로 모르스부호 같은 비밀신호를 휘파람으로 보낸 뒤의 일이다. 패러디라는 말이 무엇을 뜻하는지 잘 이해하지 못했던 아르투로는 집으로 돌아오자 곧장 사전을 뒤져서 패러디라는 말에 관해 다음과 같은 설명을 알게 된다. "누군가의 시구를 모방하는 것으로, 그 속에서 타인에게는 진지한 것이 우스꽝스럽고 희극적이거나 기괴한 것이 된다"(56).

이 일화를 통해 『아르투로의 섬』의 진짜 주인공은 패러디 자체라고 해석하는 아감벤은 소설 속 패러디의 정의가 비교적 '새로운' 것이라는 데 주목한다. 그리고는 패러디의 더 '오래된' 정의로 곧장 진입한다. 이 오래된 정의에 따르면 패러디는

---

35) Agamben, *The Ends of Poems*, p.131.

음악과 언어활동 사이의 '자연스러운' 연계를 단절시키는 것, 혹은 말[대사]에서 노래를 분리하거나 거꾸로 노래에서 말[대사]을 자유롭게 하는 것이다. 이 오래된 정의가 통용되던 고전주의 세계에서는 멜로디가 원래 말의 리듬과 일치해야만 했다. 낭송시인들이 불협화음의 멜로디를 도입해 이런 전통적 연결을 깨뜨렸을 때 사람들은 파라 텐 오덴$^{para\ tēn\ ōidēn}$, 즉 '노래에 어긋난다'(혹은 노래 곁에 있다)고 말한다. 즉, 패러디란 '노래의 곁'$^{par\grave{a}\text{-}oiden}$에 서 있는 '놀이'로서 등장한 것이다.

그런데 우리는 이런 패러디의 오래된 정의로부터 무엇을 끌어낼 수 있을까? 아감벤은 존재론과의 유비를 통해 이렇게 말한다. "존재론이 언어활동과 세계의 잘 어울리는 관계라고 한다면, 곁-존재론으로서의 패러디는 언어가 사물에 도달할 수 없고 사물이 자신의 이름을 찾아내는 것이 불가능함을 표현한다"(75). 요컨대 곁-존재론으로서의 패러디는 언어와 사물이 자연스럽게 연계됐던 세계, 다시 말해서 언어와 사물 사이에 간극이나 차이가 없어서 언어가 곧 사물이었고, 사물을 명명하는 행위와 그 사물의 정신적 본질을 아는 일이 하나였던 세계가 몰락했음을 드러내 보여준다.[36]

---

36) 발터 벤야민, 최성만 옮김, 「언어 일반과 인간의 언어에 대하여」, 『언어 일반과 인간의 언어에 대하여/번역자의 과제 외』, 도서출판 길, 2008, 69~95쪽. 이와 비슷하게 게오르크 루카치 역시 인간과 자연(세계)이 분리되어 기존의 언어로는 삶의 외연적 총체성을 더 이상 직접적으로 포착

인간이 세계와 조화를 이루는 '하나'였을 때 인간의 언어는 세계의 의미, 존재의 의미 등을 따로 물을 필요조차 없었다. 인간과 세계가 분리될 때, 그리하여 언어와 사물이 분리될 때에야 세계와 존재는 알 수 없는 미지의 것이 된다. 그러나 우리는 이 세계에서 벗어날 수 없다. 왜냐하면 "피할 수도 없고 그로부터 도주할 수도 없는 한계와 아포리아"로 가득 찬 이 세계야말로 인간의 조건이기 때문이다. 따라서 패러디란 이 세계가 이처럼 "통행할 수 없기로 악명 높은"(75) 곳이라는 것을 확인해줄 뿐이다.

바로 여기서 파라바시스가 중요해진다. 파라바시스란 배우들이 무대를 떠난 뒤 합창단(코러스)이 무대 앞의 '로게이온'이라 불리는 노래 부르는 곳으로 이동해 작가의 대변인으로서 관객에게 직접 말을 건네는 막이나 막간의 순간을 가리킨다. 이때 극의 상연은 중단되며 배우와 관객, 작가와 청중, 무대와 현실은 서로 침투하고 서로 역할을 맞바꾼다. 즉 파라바시스는 통행할 수 없기로 악명 높은 패러디라는 장르에 하나의 공간을 연다. 그리고 이 열림은 곁-존재론으로서의 패러디가 가리키는 이 세계, 즉 "피할 수도 없고 그로부터 도주할 수도 없는 한계와 아포리아"로 가득 찬 이 세계의 열림을 뜻한다.

할 수 없게 된 시대에 새로운 장르, 즉 산문으로서의 소설이 등장했다고 지적한 바 있다. 게오르크 루카치, 김경식 옮김, 『소설의 이론』, 문예출판사, 2007. 특히 1부를 참조할 것.

'놀이'로서의 패러디는 노래와 말, 언어와 사물의 균열·분리를 가지고 놀 뿐이다. 패러디가 가지고 노는 이 균열·분리를 새로운 사용에 집어넣는 것은 파라바시스의 몫이다. 바로 이 때문에 아감벤은 이렇게 말하는 것이다. 파라바시스는 패러디의 '지양'이자 '완수'라고 말이다. 파라바시스에 의해 열려진 이 곁의 공간, 일종의 사이-세계^{intermondo}에서 배우와 관객, 작가와 청중, 무대와 현실은 "오로지 교환, 즉, 단순히 인간적인 대화"(76)를 나눌 뿐이다. 그리고 무엇인가 이 피할 수도 도주할 수도 없는 세계에서 변화가 일어난다면 그것은 아마도 이 '인간적인 대화'를 통해서일 것이다.[37]

א 『계몽의 변증법』에서 오뒷세우스가 외눈박이 거인 폴리페모스에게 던진 말을 '패러디'라고 말했을 때, 막스 호르크하이머와 테오도르 아도르노는 '탈출의 책략'에 대해서 말한 것이다. 오뒷세우스는 자신의 이름을 묻는 폴리페모스에게 우데이스^{oudeis}, 즉 '아무도 아니다'라고 말함으로써 위험에서 벗어난다. 네 눈을 찌르고 도망간 자가 누구냐는 동료 거인들의 질문

---

[37] 패러디/파라바시스에 대한 지금까지의 논의를 아감벤의 또 다른 테마, 즉 '몸짓'과 '소통가능성'의 회복을 통한 '분리의 극복'이라는 테마와 비교해보라. 김상운·양창렬, 「간주곡: 새로운 정치철학을 위한 아감벤의 실험실」, 『목적 없는 수단: 정치에 관한 11개의 노트』, 도서출판 난장, 2009, 181~227쪽.

에 폴리페모스는 '아무도 아니다'라고 말함으로써 원치 않게 오뒷세우스가 도망갈 시간을 벌어준다. 호르크하이머와 아도르노에 따르면 이런 오뒷세우스의 책략은 언어와 사물의 '자연스러운' 연계를 폭력적으로 '중단'^{Zäsur}시키는 데 있다. 언어와 사물 간의 차이가 존재하지 않는 신화의 세계에 속한 외눈박이 거인들에게 '우데이스'는 말 그대로 '아무도 아니다'이지 그 발음이 유사한 '오뒷세우스'가 아닌 것이다.

그러나 아직 신화의 세계와 완전히 절연하지 못한 오뒷세우스는 패러디라는 자신의 놀이, 자신의 책략에 다시 붙들리고 만다. 오뒷세우스는 한번 '아무도 아니다'라고 불리면 진짜로 아무도 아닌 자가 되어버릴까봐 두려워해 자신의 진짜 이름을 밝힌다. 결국 폴리페모스의 아버지 포세이돈의 분노를 산 오뒷세우스는 다시 위기에 빠진다. 요컨대 자신의 놀이가 한갓 놀이임을 잊고, 자신의 본명을 밝힘으로써 자신의 고유한 동일성을 회복하려다가 위험에 빠지게 되는 것이다.

이와는 달리 파라바시스를 통해 패러디 '곁'으로 나가는 아감벤의 패러디스트는 패러디의 원환에 갇히지 않는다. 오히려 아감벤의 패러디스트는 신이 죽은(혹은 살해당한) 이 세계에서 "우리[인간]의 발명의 영역"을 찾을 수 있으리라 기대하며 세계사를 패러디하는 프리드리히 니체의 '초인'과 훨씬 더 비슷하다. 파라바시스는 아감벤이 『남겨진 시간: 로마인들에게 보낸 편지에 관한 강의』(2000)에서 말한 메시아적 (재림

이 아니라) 임재로서의 '파루시아'parousia(이 말은 원래 그리스어로 '곁에 있는 것'para-ousia이라는 뜻이다)와 마찬가지로 일상의 곁에 열려 있는 구원의 문턱이다. 아감벤의 패러디스트는 이 공간을 여는 자이다.

11-2.『사유의 역량』(2005)에 실린「절대적 내재성」에서 아감벤은 무위와 관련된 또 다른 모티프를 제시하고 있다. 들뢰즈에 관한 빼어난 논의이기도 한 이 글에서 아감벤은 베네딕트 데 스피노자가 스페인계 유대인(세파르딤)의 모어인 라디노어 Ladino를 사용한 단 하나의 구절을 소개하고 있다. 그 문제의 라디노어는 '파세아르세'pasearse로서 스피노자의『히브리어 문법 개요』Compendium grammatices linguae hebraeae에 나온다.

스피노자는 행위자와 수동자가 하나의 동일한 인칭이 되는 능동적 재귀동사의 하나로 파세아르세, 즉 "스스로를 산보하다"passeggiar-sé를 소개한다. 능동적 재귀동사란 행위자와 수동자를 둘 다 대상으로서 참조하는 행위, 즉, 행위자와 수동자가 동일한 하나의 인칭이 되는 행위를 지칭한다. 현대 스페인어에서는 더 이상 그렇게 표현할 수 없는 이 사어死語를 아감벤은 그저 신기하고 기발한 사례로 제시하는 데 그치지 않는다. 오히려 파세아르세라는 이 파격적인 예외적 표현을 통해서 아감벤은 행위자와 수동자가 확실하게 구별될 수 없는 미지의 영역, "절대적 비구별의 문턱"[38)]을 포착하려고 한다.

파세아르세는 행위자를 수동자로부터 구별하는 게 불가능한 행위이며(누가 무엇을 산보하는가?), 능동과 수동, 주어와 목적어(주체와 대상), 타동사와 자동사 등의 문법적 범주가 그 의미를 상실하는 행위이다. 더 나아가 파세아르세는 목적과 수단, 잠재성과 현실성, 능력과 사용이 절대적 비구별의 지대로 진입하는 행위이다. 이 때문에 스피노자는 '방문으로서 스스로를 구성하다'costituir sé visitante, '방문으로서 스스로를 보여주다'mostrar sé visitante 같은 표현을 사용한다. 여기서는 잠재성이 현실성과 일치하고 무위inoperosità가 영위opera와 일치한다. 내재성의 현기증이란 내재성이 존재의 자기-구성과 자기-현시라는 무한한 운동을 서술한다는 것이다. 파세아르세로서의 존재로 말이다.[39]

파세아르세로서의 존재를 서술한다는 것, 그것은 곧 내재성이 초래한 현기증으로 인해 비틀거리며 무위와 영위의 '사이-세계'에 자리 잡는다는 것, '절대적 비구별의 지대'로 들어간다는 것을 가리킨다.[40] 이처럼 아감벤은 내재적 원인의 표

---

38) Giorgio Agamben, "Absolute Immanence," *Potentialities:Collected Essays in Philosophy*, trans. Daniel Heller-Roazen, Stanford, CA: Stanford Uni-versity Press, 1999. p.234.
39) Agamben, "Absolute Immanence," p.235.
40) Agamben, "Absolute Immanence," p.234.

현인 파세아르세를 건드리면서 자신이 펼쳐 보이는 사유의 열쇠, 즉 잠재성이라는 미증유의 지평에 다가선다.

11-3. 아감벤의 무위 개념에 다가설 수 있는 또 다른 모티프, 아니 가장 특이하면서도 가장 강렬한 모티프는 허먼 멜빌이 탄생시킨 무위의 필경사 바틀비일 것이다. 실제로 아감벤은 지금껏 여러 번 바틀비에 관해 논의해왔다. "~하지 않는 게 좋습니다"(또는 "~하고 싶지 않습니다")$^{I\ would\ prefer\ not\ to}$라는 말만 되풀이할 뿐 도대체 필경/필사라는 일(영위)에 종사할 생각이라곤 없는 이 월스트리트의 기이한 필경사에게 아감벤은 왜 그토록 집착하는 것일까? 아감벤이 이 필경사에게서 찾으려는 사색의 실마리는 무엇일까?

바틀비라는 모티프를 다룰 때 결코 무시할 수 없는 것은 장-뤽 낭시의 『무위의 공동체』와 모리스 블랑쇼의 『밝힐 수 없는 공동체』이다. 이 두 텍스트가 출판된 1983년 이후의 아감벤에게서는 낭시와 블랑쇼의 영향이 뚜렷하게 보인다. 그렇다면 아감벤이 낭시와 블랑쇼의 공동체론을 참조하면서 이 둘과 공유하는 문제틀은 도대체 무엇이고, 이들과의 어떤 '간극'에 자리 잡는 것일까?

낭시가 말한 '무위의 공동체'란 '탈존'$^{ex\text{-}sistance/脫存}$ 혹은 '외존'$^{ex\text{-}position/外存}$을 그 원리로 삼는 공동체이다.[41] 탈존·외존이란 말 그대로 자신 바깥에 놓임, 자신 바깥과의 관계 속에 있음을 말한다. 낭시에게 이 바깥, 이 외부란 무엇보다도 나 아닌 '타자'이다. 따라서 탈존·외존이란 타인과의 관계에서 자신 바깥으로 나감, 타인에게/을 위해 자신을 드러냄이다. 이것은 곧 완벽한 내재성이 불가능함을 함축한다. 요컨대 완벽히 자기 자신 안에만 머물러 있을 수 있는 존재, 완전한 자율성을 가진 개인이란 없다는 것이다. 그래서 나는 늘 타자에게 열려 있고, 열려 있을 수밖에 없다. 그것이 바로 인간의 존재 조건이다.

낭시의 공동체는 바로 이와 같은 사실 자체를 분유^{partage}하고 소통^{communion}한다. 이 공동체에 소속된/될 사람들은 인간이란 '공동존재'$^{être-en-commun}$이고 '함께/같이-있음'$^{être-avec/ensemble}$이라는 사실 자체를 함께 나누고 교감하는 것이지 가시적인 '무엇'(재산, 국적, 인종, 종교, 이데올로기 등)을 공유하는 것이 아니다. 다시 말해서 기존의 공동체는 항상 '무엇'을 공유하고 또 공유하려고 애쓰지만, 낭시의 공동체에는 인간의 존재 조건 자체 말고는 공유할 것이 아무것도 없다. 차라리 이 공동체는 이 아무것도 아님(즉, 무위)을 공유한다.

바로 이것이 기존의 공동체와 낭시의 공동체가 다른 지점인데, 낭시는 블랑쇼를 언급하며 이 무위의 공동체를 다음과 같이 명확하게 규정한다. "공동체는 블랑쇼가 이른바 '무위'라

---

41) "공동체, 또는 존재 자체의 탈자적-존재? 바로 그것이 문제이다." 장-뤽 낭시, 박준상 옮김, 『무위의 공동체』, 인간사랑, 2010, 31쪽. 또한 53쪽 이하의 논의들을 참조하라.

고 부른 것, 즉 영위[작업/작품] 이전이나 그 너머에서 영위로부터 물러서는 것, 더 이상 생산이나 완성과 관계를 맺지 않은 채 [단수성/단수적으로 존재함] 중단·분열·유예와 해후하는 것을 지칭하는 바로 그것 속에서 생겨날 수밖에 없다."[42] '타자와의 관계가 공동체 자체'[43]라고 보는 블랑쇼는 낭시의 이런 공동체론에 화답해, 무위의 공동체를 '밝힐 수 없는 공동체'라고 부른다. 무위의 공동체는 '하나 됨'이 아니라 '함께 존재함'을 추구하는 공동체이기에 미리 규정할 수 있는 어떤 목표가 없다. 즉, 밝힐 것이 없기에 밝힐 수 없는 공동체이다.

아감벤이 낭시와 블랑쇼의 이런 논의를 토대로 바틀비라는 무위를 정위定位하고자 하는 곳은 훨씬 근원적인 지평이다. 그러나 이 근원적인 지평을 짐작하려면 우리는 한 번 더 우회해야 하는데, 무엇보다도 아감벤이 자주 언급하는 아리스토텔레스의 논의로 눈을 돌려봐야만 한다. 아감벤의 아리스토텔레스 재독해야말로 바틀비라는 이 특이한 인물을 새로운 각도에서 볼 수 있도록 해주기 때문이다.

『사유의 역량』에 수록된 동일한 제목의 논문에서 아감벤은 아리스토텔레스에게 가능태(잠재성)의 부정은 "~할 수 없다"non può가 아니라 끊임없이 "~가 아닐 수 있다"può non라는

---

42) 낭시, 『무위의 공동체』, 79쪽.
43) 모리스 블랑쇼·장-뤽 낭시, 박준상 옮김, 『밝힐 수 없는 공동체/마주한 공동체』, 문학과지성사, 2005, 36쪽.

형식에서 드러난다고 말한다.44) 얼핏 보면 "~할 수 없다"든 "~가 아닐 수 있다"든, 둘 다 불가능성을 지시하는 말로 서로 바꿔 쓸 수 있는 것처럼 보인다. 그러나 아감벤은 "~할 수 있다"(가능)와 "~할 수 없다"(불가능)라는 이 이항대립 사이에서 "~가 아닐 수 있다"(부정의 잠재성)라는 미증유의 '틈새'를 확보하고자 한다. 그리고 "~하지 않는 게 좋습니다"라는 바틀비의 정식을 바로 이 틈새에 위치시키려고 한다.

바틀비를 일컬어 "잠재성 그 자체를 대상으로 한 잠재성, 잠재성 그 자체의 잠재성"45)의 체현자라고 말했을 때 아감벤은 바틀비의 무위가 바로 이런 부정의 잠재성, 즉 "단순한 논리적 가능성으로서의 잠재성이 아니라 오히려 잠재성의 실재적인 존재 양식[인] …… 잠재성은 구성상 (무엇을 행하지 혹은 무엇이지) 않을 잠재성"46)임을 지적한 것이다. 요컨대 바틀비의 정식은 "긍정과 부정, 수락과 거절, 증여와 취득 사이에서 결정적인 평형을 확보"47)한 정식으로서, 서양 학문의 근본 원칙으로 자리 잡은 모순율(그 어떤 것도 A인 동시에 A가 아닐

---

44) Giorgio Agamben, "La potenza del pensiero," *La potenza del pensiero: Saggi e conferenza*, Vicenza: Neri Pozza, 2005. pp.284~285.
45) 아감벤, 『도래하는 공동체』, 56쪽.
46) 아감벤, 『호모 사케르』, 110~111쪽.
47) Giorgio Agamben, "Bartleby, or On Contingency," *Potentialities: Collect-ed Essays in Philosophy*, trans. Daniel Heller-Roazen, Stanford, CA: Stanford University Press, 1999. p.255.

수는 없다)을 근저에서부터 뒤흔드는 도화선인 셈이다. 그러나 아감벤에게서 이 부정의 잠재성이라는 문제는 점점 더 착종과 혼미를 거듭한다.

'존재할 수 없다'의 결여적 부정은 '존재하지 않는 것이 없을 수 있다'(그리고 '존재하지 않는 것이 없을 수 없는 것은' 없다)이다. 그러므로 이 구절에서 아리스토텔레스가 말하려고 하는 것은 현대 주석가들의 동어반복적 해석과는 양상이 상당히 다르며 훨씬 흥미롭다. 존재하지 않는다는 가능태(잠재성)가 모든 가능태(잠재성)에 원래 포함되어 있다고 한다면, 실제로 잠재성을 가진 것은 오로지 현실태로 이행하는 순간에 단순히 부정의 가능성을 말소하고 그것을 내버려둔 채 현실태로 옮겨가는 것이 아니다. 오히려 부정의 가능성을 그대로 현실태 그 자체로 이행시키는 것이다. 즉, 현실태로 이행하지 않는다는 것을 하지 않는 것$^{\text{non-non passare all'atto}}$도 할 수 있는 것만이 잠재성을 가진 것이다.[48]

일종의 현기증을 초래하는 이런 '부정'의 무한연쇄, 즉 잠재성에서 현실성으로 이행하는 일진일퇴가 앞서 말한 파세아르세라는 자기언급적 내재성의 미로에도 깔려 있음은 두말할

---

48) Agamben, "La potenza del pensiero," p.285.

나위가 없다. 이렇게 "~하지 않는 게 좋습니다"라는 바틀비의 결정적인 일격은 잠재성에서 현실성에 이르는 경로에 잠복한 간극/틈새를 단숨에 가동시키기 시작하며, 인간 이성이나 정치적인 것이라는 경로로 튀어 오르게 된다.

아감벤의 또 다른 글 「인간의 작업」은 이 점을 잘 보여준다. 아감벤은 아리스토텔레스와 아베로에스로 거슬러 올라가며 지금까지 인류가 기대온 이성 개념만으로는 인간을 규정하기에 불충분하다고 말한다. 그렇다면 인간의 인간다움을 어디에서 찾을 수 있을까?

> 아리스토텔레스의 『영혼에 관하여』를 해석하면서 아베로에스가 제시한 근본 주제를 빌린다면 이제 인간의 이성을 정의하는 것은 잠재적 특성, 즉 우연이나 불연속 등의 특성이다. 천사의 지성이 항구적으로 부단히 활동하며, 동물의 지성이 각 개체에 자연스럽게 구현되어 있는 반면, 인간의 사유는 구성상 사유 자체의 결여나 무위의 가능성으로 제시된다. …… 인간의 작업은 본질적으로 가능태(잠재성)이며, '내삽=기입'(아베로에스의 전통에서는 상상력에 합치한다)에 의해서만 현실태로 될 수 있다.[49]

---

49) Giorgio Agamben, "L'opera dell'uomo," *La potenza del pensiero: Saggi e conferenza*, Vicenza: Neri Pozza, 2005. pp.284~285.

필경사라는 바틀비의 작업이, 특히 뭔가 쓰지 않기를 할 수 있다는 잠재성밖에는 사용하지 않는 작업이 인간의 작업으로 불릴 수 있는 것은 바로 이 때문이다(소설『바틀비』는 이렇게 끝난다. "아, 바틀비여, 아, 인간이여"). 이런 점에서 아감벤은 바틀비를 아랍의 어느 천사에 비유하기도 한다.

> 아랍의 전통에서 행위자로서의 지성은 카람^{Qalam}, 즉 펜을 의미하는 천사의 모습을 취한다. 그 천사가 거주하는 장소는 헤아릴 수 없는 잠재성[가능태]의 장에 다름 아니다. 쓰는 것을 그만둘 뿐만 아니라 '~하지 않는 것을 좋아'하는 필경사 바틀비란 쓰지 않는다는 잠재성을 제외하고는 무엇 하나도 쓰려고 하지 않는 이 천사의 궁극적 이미지이다.50)

고대 아랍의 전통에서 창조행위는 글쓰기에 비유되곤 했다. 그렇다면 페르시아의 철학자 아비켄나가 최고 등급의 필경사로 꼽은 자, 요컨대 뭔가를 쓰지 않는 순간에도 (글)쓰기의 기술을 완전히 갖고 있는 자$^{\text{potentia scriptoris perfecti in arte sua, cum non scripserit}}$야말로 최고의 창조자일 것이다.51) 어쩌면 카람의 형상으로 포착된 바틀비야말로 바로 그런 창조자가 아

---

50) 아감벤,『도래하는 공동체』, 59쪽.
51) Agamben, "Bartleby, or On Contingency," p.247.

닐까? 바틀비는 삶-의-형태를 체득한 자로서, 유유히 산보하며 잠재성과 현실성 사이로 들어가 하나의 공간을 열고 하나의 세계를 열어젖힌다. 아마도 바틀비, 무수한 바틀비들이 창조할 '도래하는 공동체'는 무위의 상태가 아니라 무위의 역량을 공유할 것이다.

12. 어떤 면에서 『세속화 예찬』의 첫 번째 글 「게니우스」는 '바틀비'의 탄생 설화라고 할 만하다. 아감벤은 창조성이 개인에게 귀속된다고 보는 통속적 견해에 맞서 창조성의 원천은 비인격적인 것, 즉 '게니우스'라고 주장한다. 자아를 넘어서 있는 비인격적 힘으로서의 게니우스는 우리 안에서 우리를 초과하는 것의 화신이자 죽을 때까지 우리와 동반하는 전-개체적 요소이다. 요컨대 운명이나 개인적 경험을 흔적으로 간직한 부분(개인적 의식으로서의 '자아')과 아직은 개체화되지 않아 활성화되지 않은 또 다른 부분(비인격적·전개체적 요소) 사이의 복잡한 변증법이 낳은 결과가 바로 인간이라는 것이다.

그러나 꼭 자기 내부에만 이런 게니우스가 존재하는 것은 아니다. 우리 주변의 타자나 사물 안에도 게니우스적인 것이 존재한다. 우리를 뒤에서 도와주는 '조수들,' 기념품이기도 하고 일종의 부적이기도 한 어떤 '물건들'이 바로 그런 것이다(43~51). 어떤 의미에서는 벤야민이 말해주는 카발라의 천사 역시 이런 존재이다.

카발라에 따르면 신은 매 순간 무한한 숫자의 새로운 천사를 내보내며, 이 천사들은 무^無로 파괴되어 사라지기 전에 한순간 신의 재단 앞에서 신에 대한 찬송을 부르도록 결정되어 있다. …… 천사는 내가 일찍이 헤어지지 않을 수 없었던 모든 것, 인간들, 그리고 특히 물건들을 닮았다. 내가 더 이상 소유하고 있지 않은 사물들 속에서 천사는 살고 있다.[52]

그런데 도대체 왜 아감벤은 게니우스라는 이 옛날 옛적 신(혹은 영)의 형상에 주목하는 것일까?

우리는 아감벤이 어느 인터뷰에서 한 말을 힌트로 삼을 수 있을 것이다. "로마인들은 생명을 발생시킬 수 있게 해주는 충만한 비인격적/비인칭적 원리를 게니우스라고 불렀다."[53] 요컨대 아감벤에게 게니우스라는 창조성의 원천은 잠재성 자체이다. 여기서 아감벤은 질베르 시몽동을 참조하는데, 게니우스란 개체화되기 이전의 전개체적 잠재성, 즉 특정한 주체(인민, 시민, 계급 등)가 되기 위해 고유의 특성을 제한당하기 이전에 생명이 지닌 고유한 역량 자체인 셈이다. 따라서 관건은 게니우스와 어떤 관계를 맺느냐이다. 느낌으로써(감동을 통해 관계

---

52) 최문규, 「역사철학적 현대성과 그 이념적 맥락」, 『(탈)현대성과 문학의 이해』, 민음사, 1996, 24쪽. 재인용.
53) Grelet et Potte-Bonneville, "Une biopolitique mineure," [www.vacarme.org/article255.html]

함으로써) 이 동반자와 더불어 계속 우리의 실존을 정향하고 즐겁게 만들 것인가, 아니면 이 동반자를 침묵 속에 모습을 감춘 무뢰한으로 만들 것인가?(19~20).

13. 그러나 오늘날 게니우스 주변에는 벤야민이 말한 것과 다른 의미에서 비극의 숭고함이 감돌고 있다.[54] 왜냐하면 시시각각 자신을 위협하는 '장치'^{dispositivo}에 온통 둘러싸여 있기 때문이다. 아감벤은 푸코의 논의에 기대어 "생명체들의 몸짓, 행동, 의견, 담론을 포획, 지도, 규정, 차단, 주조, 제어, 보장하는 능력을 지닌 모든 것"[55]을 장치라고 불렀다. 아감벤의 설명에 따르면 한쪽에 생명체(실체)가 있고, 다른 쪽에 장치가 있다. 그리고 이 양자가 맞대결한 결과로 생겨나는 것이 제3항으로서의 주체이다. 이렇게 보면 시몽동이 말하는 개체화는 생명체와 장치가 맞대결하는 과정에 다름 아니다.

『세속화 예찬』의 일곱 번째 글 「스페키에스적 존재」는 이런 '장치'가 게니우스를 어떻게 예속화하는지 잘 보여준다.

라틴어 스페키에스를 실마리로 거울 속 이미지 같은 비실체적인 것의 존재론을 흥미롭게 그려 보이고 있는 이 글에서

---

54) 발터 벤야민, 최성만 옮김, 「운명과 성격」, 『역사의 개념에 대하여/폭력비판을 위하여/초현실주의 외』, 도서출판 길, 2008, 71쪽.
55) 조르조 아감벤, 양창렬 옮김, 「장치란 무엇인가?」, 『장치란 무엇인가? 장치학을 위한 서론』, 도서출판 난장, 2010, 33쪽.

아감벤은 "가시성이나 나타남을 본질로 하는 존재"(83)라고 스페키에스를 규정한다. 흥미로운 것은 아감벤이 묘사하는 스페키에스적 존재의 특성이 게니우스의 특성과 닮았다는 것이다. "스페키에스적 존재란 …… 자신의 성질들 중 그 어떤 것으로도 자신을 규정하지 못하게 하면서 그 성질들을 일반적이고 무차별적으로 고수하는 그런 존재이다"(86).

이와 마찬가지로 어떤 특정한 역량이 아니라 역량 그 자체, 즉 순수 잠재성인 게니우스 역시 어느 하나로 규정될 수 없는 "미지의 역량"(14)이다. 장치(아감벤은 '신분증명서의 사진'을 예로 들고 있다)는 이런 스페키에스적 존재를 포획해 어떤 실체에 정박시킨다. 이런 식으로 장치는 스페키에스적인 것을 동일성과 분류의 원리로 변형시켜버린다(87). 일종의 이미지인 한에서 스페키에스 역시 거울 속의 이미지처럼 보는 자의 이동이나 현존에 따라 매 순간 새롭게 창조되기 마련이다. 그렇다고 스페키에스가 자신을 정박시키는 장치에서 벗어날 수 있는 것은 아니다. 문제는 "누가 보느냐?"이기 때문이다. 장치의 눈을 통해서 보는 한, 스페키에스는 결국 동일성과 분류의 원리에서 벗어날 수 없다. 아감벤의 설명에 따르면 게니우스의 사정도 이와 크게 다를 바 없다.

고대의 형이상학에서는 자연스레 실체와 주체가 포개져 있는 듯 보인다. 그러나 완전히 그렇지는 않다. 이런 의미에서 가령 동일한 한 명의 개인, 동일한 하나의 실체가 동시에 다수의 주체화 과정(휴대전화 사용자, 인터넷 누리꾼, 이야기 작가, 탱고 애호가, 반세계화론자 등)의 장소라고 말할 수도 있다. 오늘날 장치의 무한한 증가에 그만큼 주체화 과정의 무한한 증식이 대응한다. 이는 오늘날 주체성이라는 범주가 동요하면서 일관성을 잃고 있다는 인상을 자아낼 수도 있다. 그러나 정확히 말하면 그것은 주체의 소멸이나 지양이 아니라 산종散種이다. 이 산종은 모든 인격적 정체성에 늘 따라다니는 가면무도회의 모습을 극단으로까지 밀어붙인다.56)

아감벤이 현 단계의 자본주의에서 장치들은 "더 이상 주체의 생산을 통해서가 아니라 오히려 탈주체화라고 부를 수 있는 과정을 통해서 작동한다"(43)는 사실에 주시할 것을 요구하는 이유가 바로 여기에 있다. 시몽동의 표현을 빌리면, 오늘날 개체화와 탈개체화는 서로 대립되지 않는다. 오히려 이 두 과정은 장치들이 생명체를 지배하려는 하나의 과정 안에 있는 정반대의 경향일 뿐이다. 따라서 이 과정 자체를 위협하지 않는다면, 우리는 둘 중 어느 하나도 제거할 수 없다.57)

---

56) 아감벤, 「장치란 무엇인가?」, 34쪽.
57) 장치에 의한 (탈)주체화의 아포리아에 대한 비판적 분석으로는 다음의 글을 참조하라. 양창렬, 「장치학을 위한 서론」, 『장치란 무엇인가? 장치학을 위한 서론』, 도서출판 난장, 2010, 137~169쪽.

14. 자신의 세 번째 책에서 아감벤은 이렇게 말했다. "내가 쓴 책과 아직 쓰지 않은 책에서 나는 오직 단 하나만을 끈질기게 사유해갈 것이다. '언어활동이 존재한다'의 의미란 무엇인가, 즉 '나는 말한다'의 의미가 무엇인가."58)

그런데 과연 언어활동이라는 주제만으로 현대 자본주의 사회를, 그 자신의 말을 빌리면 '법이 의미 없이 효력을 지니고 있는' 오늘날의 정치적 상황을 제대로 설명할 수 있을까?59) 이런 환원을 위해서는 어떤 대가를 치러야 하지 않을까?

확실히 아감벤은 인간의 모든 잠재성, 행위, 상황을 언어활동 모델로부터 도출하는 경향이 있다. 일례로 아감벤은 기 드보르의 스펙터클 개념을 분석할 때도 고유한 동학을 지닌 환경milieu으로서가 아니라 일종의 언어적 환경으로 스펙터클을 이해한다. 요컨대 아감벤에게 스펙터클은 언어적 경험의 강렬화, 극단적인 언어적 사건일 뿐인 셈이다. 그래서 결국 아감벤은 테크네(기술)로부터 로고스(언어활동)를 구출하려고 시도하는 형이상학적 몸짓을 사유하며, 초월론적인 도약에 입각해 진정한 윤리와 정치를 사유하는 것은 아닐까?

언젠가 베르나르 스티글러는 "정치적 물음은 미학적 물음이다."60)라고 말한 적이 있다. 특히 개인적·집단적 삶의 조건

---

58) Agamben, *Language and Death*, p.107.
59) 아감벤, 『호모 사케르』, 123쪽.

뿐만 아니라 우리의 일거수일투족이 전방위적·전지구적 시청각 기술체계에 근거한 이미지를 통해 몰아세워지고 통제되고 있는 오늘날에는 더욱 더 그렇다.

그렇다면 관건은 시청각 기술체계가, 이미지가 정확히 어떤 과정을 통해서 우리를 포획하는가를 이해하는 것이다. 예컨대 이것은 인간 의식의 흐름이 어떻게 또 다른 흐름, 즉 시청각 기술체계의 프로그램이 구성해놓은 흐름에 따라 흘러가는지, 이처럼 동기화된 흐름으로부터 프로그램 자체를 어떻게 해방시킬지, 궁극적으로는 시청각 기술체계라는 도구를 우리가 어떻게 전유하고 공동의 자유로운 사용에 집어넣을 것인지 등을 따져보는 것이다. 한마디로 말해서 시청각 기술체계의 환경을 이해하고 비판하고 넘어서는 일인 셈이다.

더 두고 봐야겠지만 아감벤은 아직 자신이 잡은 실마리를 충분히 발전시키지 못한 듯하다. 가령 『세속화 예찬』의 세 번째 글 『심판의 날』에서 아감벤은 모든 잃어버린 이름을 증언하라고 요구하는 사진의 윤리를 언급한다(41). 그러나 "아날로그 사진이 지니고 있었던 자연스런 어떤 믿음,"[61] 즉 뭔가/누군가가 실제로 거기에 있었다는 믿음을 중지시키는 디지털 사

---

60) Bernard Stiegler, *De la misère symbolique*, t.1. L'époque hyperindustrielle, Paris: Galilée, 2004, p.17.
61) 베르나르 스티글러, 진태원 옮김, 「구분되는 이미지」, 『에코그라피: 텔레비전에 관하여』, 민음사, 2002, 254쪽.

진이 등장한 마당에 사진이라는 장치로부터 어떤 윤리가 도출될 수 있을까? 아감벤은 이에 대답하지 않는다/못한다.

『세속화 예찬』의 끝부분에서 아감벤은 "장난감을 갖고 노는 놀이가 끝났을 때 그 장난감이 얼마나 끔찍하고 불안하게 만들 수 있는지를 어린아이들보다 잘 아는 사람은 없다"(126)는 사실을 환기시킨다. 우리가 사용하고 애정을 쏟은 해방의 도구와 인형이 사악한 마술사의 손에 걸려서 무시무시한 저주를 내뿜으며 우리에게 해를 끼치는 데 사용되지 않도록 만들려면 세속화할 수 없는 것까지 세속화하라고 말이다.

그렇다면 사악한 마술사의 허를 찌르는 게 관건이다. 그렇게 하기 위해서라도 우리는 우리에게 주어진 새로운 환경, 즉 가시적인 것과 비가시적인 것을 구분해놓는 데 그치지 않고 절대적인 가시성으로 이행한 오늘날의 시청각 기술체계를 더 주시해야 할 것이다. 앞으로, 적어도 한동안은 이 장난감을 가지고 놀 수밖에 없을 것이기 때문이다. 이런 점에서 아감벤이 말한 "도래할 세대의 정치적 과제"(135)는 우리에게도 던져진 물음이다. 이제 우리가 대답할 차례이다.

찾아보기

ㄱ

가다(Carlo Emilio Gadda) 68, 161n24
간다르바(Gandharvas) 44, 45
강디악(Maurice de Gandillac) 89
거울(speculum/specchio) 19, 62, 81, 82, 84, 128, 167n1
게니우스(Genius) 9~25, 28, 50
 ~와 작품[작업]-없음/무위 (inoperosità) 16, 17, 23~25
 ~의 어원 9~12
 비/인격적(im/personale)~ 10, 12, 13, 15~18, 25
 주체(soggetto)와 자아(Io) 사이의~ 15~17, 23
게니자(genizah) 49, 155n9
곁-존재론(paraontologia) 75
고르니(Guglielmo Gorni) 67, 160n20
그린(Julien Green) 36, 148n4

ㄴ·ㄷ

놀이(gioco) 18, 62, 94, 110~113, 124~126
 ~와 세속화(profanazione) 111, 112, 124, 125
니네토(Ninetto Davoli) 72
니체(Friedrich Nietzsche) 62, 118
단테(Dante Alighieri) 65, 67, 68, 71, 74, 82, 160n18, 166n39, 169n2~3
 베아트리체(Beatrice Portinari) 73, 166n39
 데 뤼세(Chloë des Lysses) 132, 179n23
도리언 그레이(Dorian Gray) 22
도스토예프스키(Fyodor Dostoyevsky) 98
 『백치』(Idiot) 98~100
돈데로(Mario Dondero) 33, 37, 40, 146n1
돈키호테(Don Quixote) 137, 138, 179n1
돌리비에(Louis-Camille d'Olivier) 128, 178n18
둘시네아(Dulcinea) 137, 139

ㄹ·ㅁ

란돌피(Tommaso Landolfi) 68, 74, 162n27
랍소디아(rhapsodia) 57~59
로브-그리예(Alain Robbe-Grillet) 37

뤼델(Jaufré Rudel) 69
림보(limbo) 65, 66, 80, 159n18
마술(magia) 27~32
~과 근원적-이름(arci-nome) 31~32
~과 행복(felicità) 28~31
마흐디(Mahdi) 49
만가넬리(Giorgio Manganelli) 68, 74, 161n25
만보/산보(flânerie) 33, 147n2
맑스(Karl Marx) 92, 118, 131
모란테(Elsa Morante) 55, 57, 60, 61, 66, 68, 71~74, 76
진지한 패러디(parodia seria) 60, 71
『아르투로의 섬』(L'isola di Arturo) 55~57, 60~62, 65, 66, 77
모스(Marcel Mauss) 108
모차르트(Wolfgang Amadeus Mozart) 27, 28
무위(inoperosità) 17, 125
밀랑(Mathurin Milan) 95, 97, 98

ㅂ
바예호(César Vallejo) 102, 103, 173n20
발저(Robert Walser) 18, 19, 47, 141n5
방브니스트(Émile Benveniste) 111
배변/똥(Le feci) 64, 125, 126, 177n15
베르이만(Ingmar Bergman) 130
『모니카와의 여름』(Sommaren Med Monika) 130
베버(Max Weber) 117
베이컨(Francis Bacon) 91
베케트(Samuel Beckett) 37, 89, 90

벤야민(Walter Benjamin) 19, 27, 36, 39, 44, 45, 50, 112, 117, 118, 131, 142n9, 143n11, 146n6, 147n2
「수집가이자 역사가 에두아르트 푹스」(Eduard Fuchs, der Sammler und der Historiker) 131
「종교로서의 자본주의」(Kapitalismus als Religion) 117~119, 122~124
벨록(Auguste Belloc) 129, 178n19
부르크하르트(Jacob Burckhardt) 62
분변문학(scatologià) 63~65, 177n15
『오디제르』(Audigier) 63, 64
불링거(Joseph Bullinger) 27
브뉘엘(Luis Buñuel) 126, 177n16
브라케(Bruno Braquehais) 128, 178n17

ㅅ
사드(Marquis de Sade) 71, 163n31, 164n36, 172n13, 172n4
사로트(Nathalie Sarraute) 37
사바(Umberto Saba) 72, 164n34
사용(uso) 88, 107~109, 111~113, 119~128, 135
공통의 사용(uso comune) 88, 108, 113, 119, 125, 126
사실[상]의 사용(usus facti) 120
사용의 불가능성(impossibilità dell'uso)으로서의 소비 107, 119~123, 127, 128
용익권(ususfructus) 107, 120, 174n1
자유로운 사용(libero uso) 107, 121
지역권(servitus) 107
스펙터클(spettacolo)과 소비(consumo) 118, 119, 128, 174n12

234 세속화 예찬

사진(fotografie) 33~41, 51, 87, 95,
128~135
~과 몸짓(gesto) 34~39
~과 요구(esigenza) 39, 40
~과 최후의 심판(Giudizio
Universale) 33, 35, 39, 40
살가도(Sebastião Salgado) 40
세계의 박물관화(la museificazione
del mondo) 122
세속화(profanazione) 107~115,
119, 122, 123~128, 134, 135
~와 공통의 사용/자유로운 사용(uso
comune/libero uso) 107~110, 113,
114, 119~121, 123~127, 131, 132,
134, 135
~와 신성모독(sacrilegio) 107, 108,
113, 127
~와 포르노그래피(pornografia)
128~135
~와 환속화(secolarizzazione)
113~116
순수 수단(mezzi puri) 126~128,
132, 134, 146n8
슐레겔(Friedrich Schlegel) 76
스칼리제로(Giulio Cesare Scaligero)
57, 58, 75
스페키에스(species) 83~86, 88
가면(persona)으로서의~ 87, 88
동일성(Identità)과 분류
(classificazione)의 원리로서의~
83~85, 87, 88
~와 소통가능성(comunicabilità) 86
~와 스펙터클(spettacolo) 82~84, 88
~의 정의 83, 85, 87
의도(intentio)로서의~ 85, 86
시몽(Claude Simon) 37

시몽동(Gilbert Simondon) 19, 20
신비(mistero) 15, 24, 61~63
미사의 전례(liturgia della messa) 58
~와 패러디(parodia) 61~63,
실체(sostanza) 13, 81, 82, 84, 87,
104, 115, 116, 119, 120, 165n39
심판의 날(Giorno del Giudizio)
33~41

ㅇ
아리스토텔레스(Aristotelēs) 59
아베로에스(Averroes) 103, 174n21
아포카타스타시스(apokatastasis) 36,
148n6
안데르손(Harriet Andersson) 130
알-아라비(Ibn al-'Arabi) 49, 50
야누흐(Gustav Janouch) 30, 146n6
언어활동(linguaggio) 32, 60, 75~77,
96, 97, 103, 119, 125~128, 132~135
에피레마(epirrhema) 58
엘뤼시움(Elysium) 65
오베르(Edgar Auber) 41
요하네스 22세(Ioannes XXII) 120
욕망하기(desiderare) 52, 79, 80, 86
우유(accidente) 81, 82, 167n17
웰스(Orson Welles) 138, 139, 179n2
위베르(Henri Hubert) 108
음성의 숨소리(flatus vocis) 74,
165n39
이미지(immagine) 35, 39, 40,
79~87, 133, 134, 138, 167n17
상(species)으로서의~ 81~84
연속적인 발생(semper nova
generatur)으로서의~ 82, 83
~의 비실체적 본성(natura
insostanziale) 82, 84, 87

이탈리아 문학(letteratura italiana) 67, 68, 70~76

ㅈ·ㅊ

자리(Alfred Jarry) 74, 166n40
장소 운동(movemento locale) 81, 82
장치(dispositivo) 87, 88, 92, 104, 105, 108, 113, 121, 125~128, 134, 135, 176n12
저자(autore) 16~18, 23, 89~96, 101~105
　담론성의 설립자(fondateurs de discursivité)로서의~ 92
　몸짓(gesto)으로서의~ 90, 96, 97, 101~105
　저자-기능(la fonction-auteur) 90~94
조수들(Gehilfen/aiutanti) 43, 44, 46~48, 50~53
　아동문학(letteratura per l'infanzia) 속의~ 46, 47, 152n2
　~과 와지르(wazir) 49, 50
　~로서의 사물들(cose) 48
종교(religione) 107~113, 115~119, 122~124, 127, 128
　~의 대립물로서의 소홀함(negligenza) 109~112
　~의 어원 108~110, 115, 116
주체성(soggettività) 9, 15, 29, 91~95, 103~105, 134
　~과 장치(dispositivo) 87, 92, 93, 104, 105, 121, 125~135
천사론(angelologia) 22
청신체파(stilnovisti) 68, 74
총괄갱신(anakephalaiosis/recapitulatio) 36, 148n6

ㅋ·ㅌ

카르티에-브레송(Henri Cartier-Bresson) 40
카발칸티(Guido Cavalcanti) 82, 169n2
카파(Robert Capa) 33, 37
카프카(Franz Kafka) 30, 31, 43, 45, 50, 112, 146n6, 171n12
　「신임 변호사」(Der neue Advokat) 112
칸트(Immanuel Kant) 29, 145n4
칼리아스(Callias Schoenion) 59, 157n8
칼비노(Italo Calvino) 125, 152n2, 177n15
코메디아 델라르테(commedia dell'arte) 101
『쿠오레』(Cuore) 61
탕플 대로(Boulevard du Temple) 34, 35, 147n3
투자르(Jean-Antoine Touzard) 95, 97, 98
트레바티우스(Gaius Trebatius Testa) 108
트루바두르들(troubadours/trobadorica) 68~70
　시르방트(sirventese) 70
　아르노(Arnaut Daniel de Riberac) 70, 162n28
　트로바르 클루스(trobar clus) 70

ㅍ

파라바시스(parabasis) 58, 75~77
　패러디의 지양(Aufhebung) 76, 77
파졸리니(Pier Paolo Pasolini) 71~73, 164n33, 164n36

생명 3부작(La trilogia della vita) 72,
73, 164n36
『살로, 또는 소돔의 120일』(Salò o le
120 giornate di Sodoma) 73, 164n36
패러디(Parodia) 53, 55~76, 126
너무도 ~하다/마치 ~이 아닌 듯이
(Così è Troppo/come se non) 73, 74,
165n39
성스러운 패러디(parodia sacra) 59,
62
술주정뱅이의 미사(missa potatorum)
59, 155n5
키프리아누스의 만찬(De Coena
Cypriani) 59, 155n6
파로디아/파로이도스(parodia/
paroidous) 57~59
페트라르카(Francesco Petrarca) 70,
71, 162n29, 162n30, 163n31
로르(Laure de Noves) 71, 74
『칸초니에레』(Canzoniere) 70, 71
펜나(Sandro Penna) 72, 164n35
포르티니(Franco Fortini) 71,
163n32
『폭풍우』(The Tempest) 24, 154n7
에어리엘(Ariel) 24, 25, 46
프로스페로(Prospero) 9, 24, 46
폴렝고(Teofilo Folengo) 68, 161n23
『폴리피오의 사랑싸움 꿈』
(Hypnerotomachia Poliphili) 68
표류(dérive/deriva) 33, 147n2
푸코(Michel Foucault) 89~94, 96,
97, 104, 143n12, 171n9, 171n12
향유되[된]다(jouées) 96~98, 100,
101, 104, 105
「악명 높은 사람들의 삶」(La vie
des hommes infâmes) 94~98, 104,
171n12, 173n15
「저자란 무엇인가?」(Qu'est-ce qu'un
auteur?) 89~105
『말과 사물』(Les mots et les choses)
89
프로이트(Sigmund Freud) 92, 114,
118
프루스트(Marcel Proust) 41, 151n10
피노키오(Pinocchio) 46, 47, 153n4

ㅎ

행복(felicità) 27~32, 112, 117, 128
호라티우스(Quintus Horatius
Flaccus) 10, 20
희생제의(sacrificio) 10, 108, 109,
113, 114~116, 118, 122, 123
동일본질(homoousios) 115
실체변화(transsubstantiatio) 115
~와 사케르(sacer) 113~115
~와 세속화(profanazione) 108~110,
113, 115, 116
힐(David Octavius Hill) 39

세속화 예찬
정치미학을 위한 10개의 노트

초판 1쇄 발행 | 2010년 11월 29일
초판 2쇄 발행 | 2017년 3월 27일

지은이 | 조르조 아감벤
옮긴이 | 김상운
펴낸곳 | 도서출판 난장·등록번호 제307-2007-34호
펴낸이 | 이재원
주　소 | (04380) 서울시 용산구 이촌로 105, 이촌빌딩 401호
연락처 | (전화) 02-334-7485　(팩스) 02-334-7486
블로그 | blog.naver.com/virilio73
이메일 | nanjang07@naver.com

책값은 뒤표지에 있습니다.
잘못 만들어진 책은 구입한 서점에서 바꿔드립니다.
ISBN 978-89-94769-00-4 03100

이 도서의 국립중앙도서관 출판시도서목록(CIP)은
서지정보유통지원시스템 홈페이지(http://seoji.nl.go.kr)와
국가자료공동목록시스템(http://www.nl.go.kr/kolisnet)에서
이용하실 수 있습니다.
(CIP제어번호: CIP2010003887)